ABCDEFG
HIJKLMNO
PQRSTUVWX
YZ

a b c d e f g
h i j k l m n o
p q r s t u v w x y z

A A A

B B B

C C C

D D D

E E E

F F F

G G G

H H H

I I I

J J J

K K K

L L L

M M M

N N N

O O O

P P P

Q Q Q

R R R

S S S S

T T T T

U U U U

V V V V

W W W W

X X X X

Y Y Y Y

Z Z Z Z

Cursive Cursive

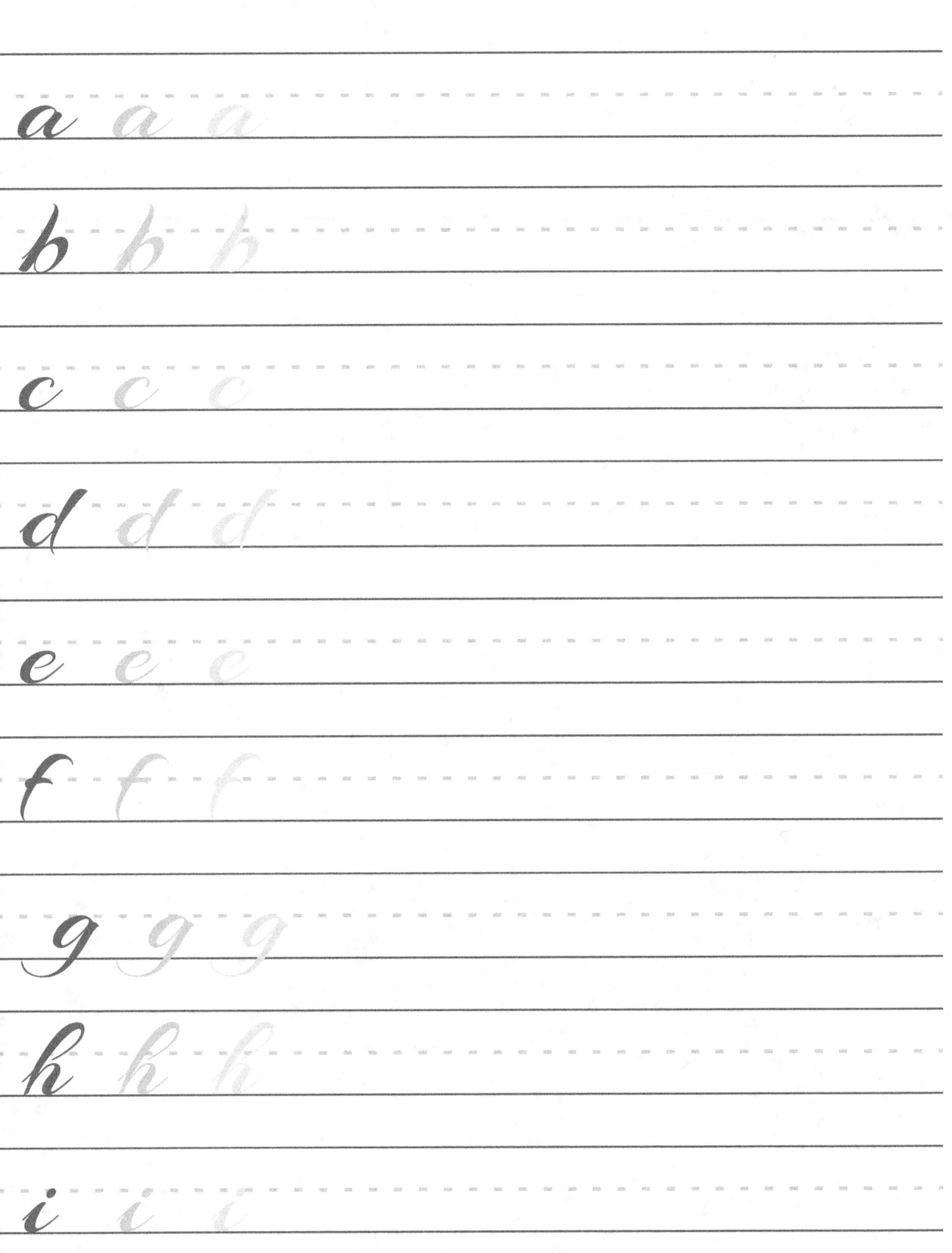

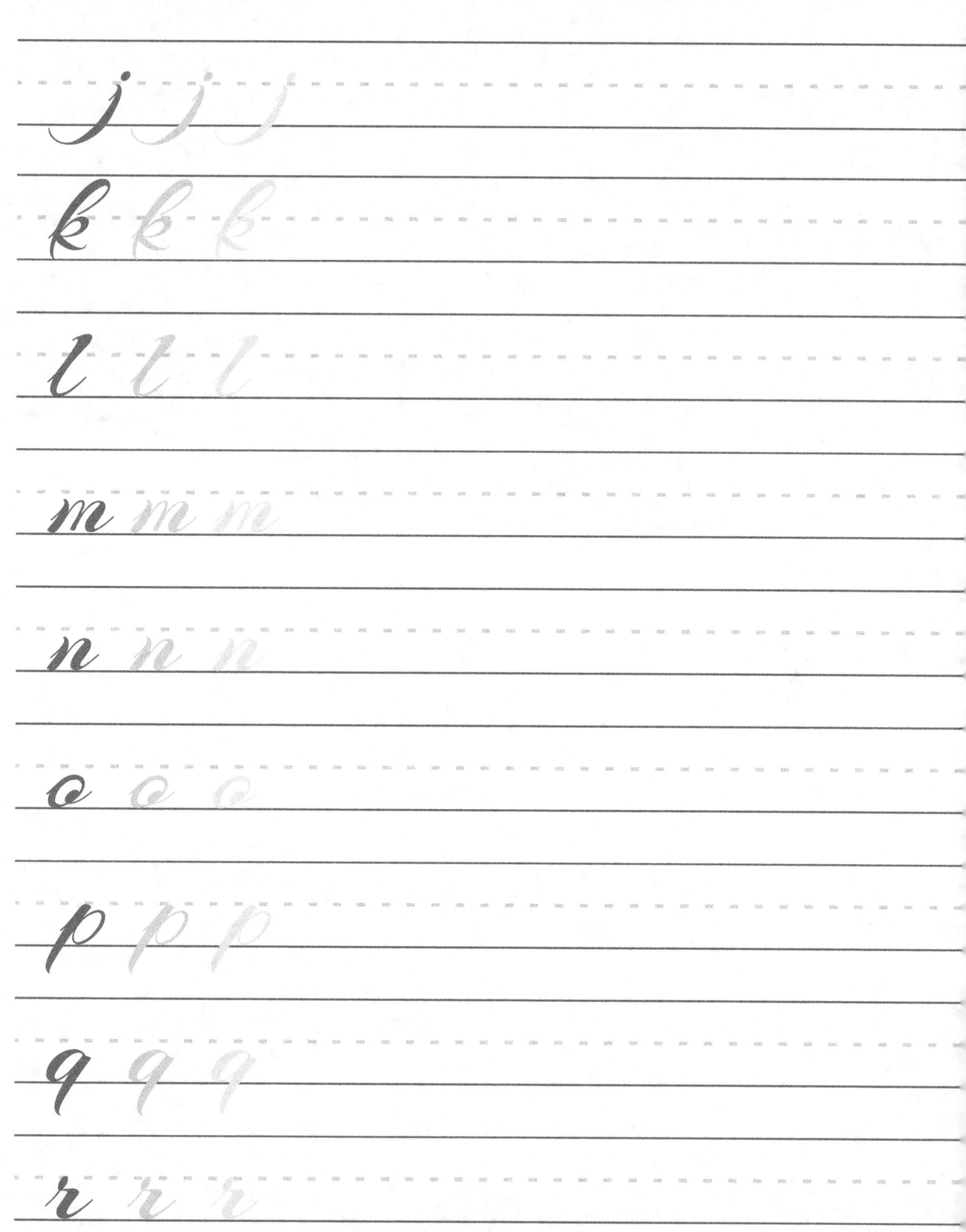

s s s

t t t

u u u

v v v

w w w

x x x

y y y

3 3 3

Lettering Lettering

A B C D E F G
H I J K L M N O
P Q R S T U V W X
Y Z

a b c d e f g
h i j k l m n o
p q r s t u v w x y z

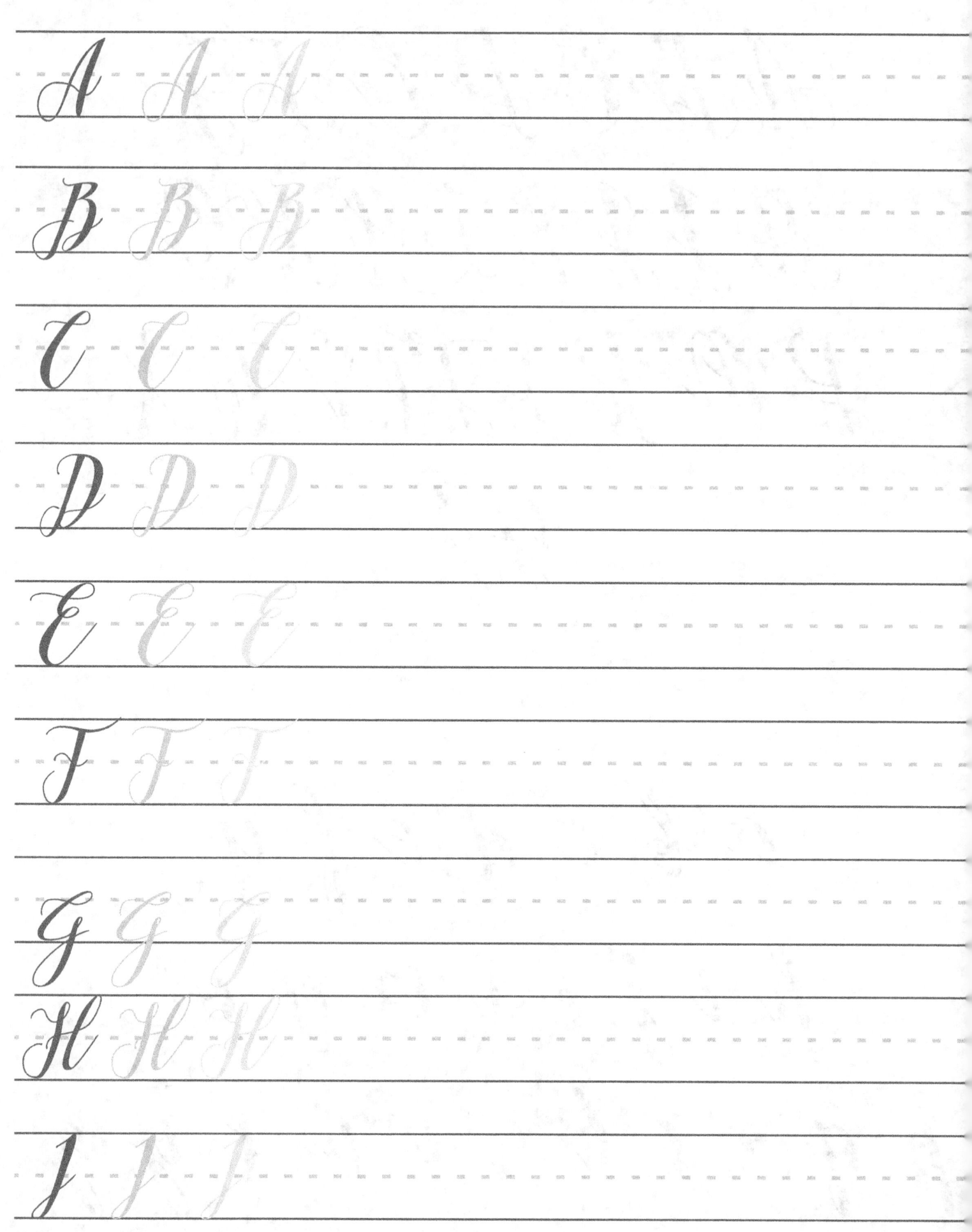

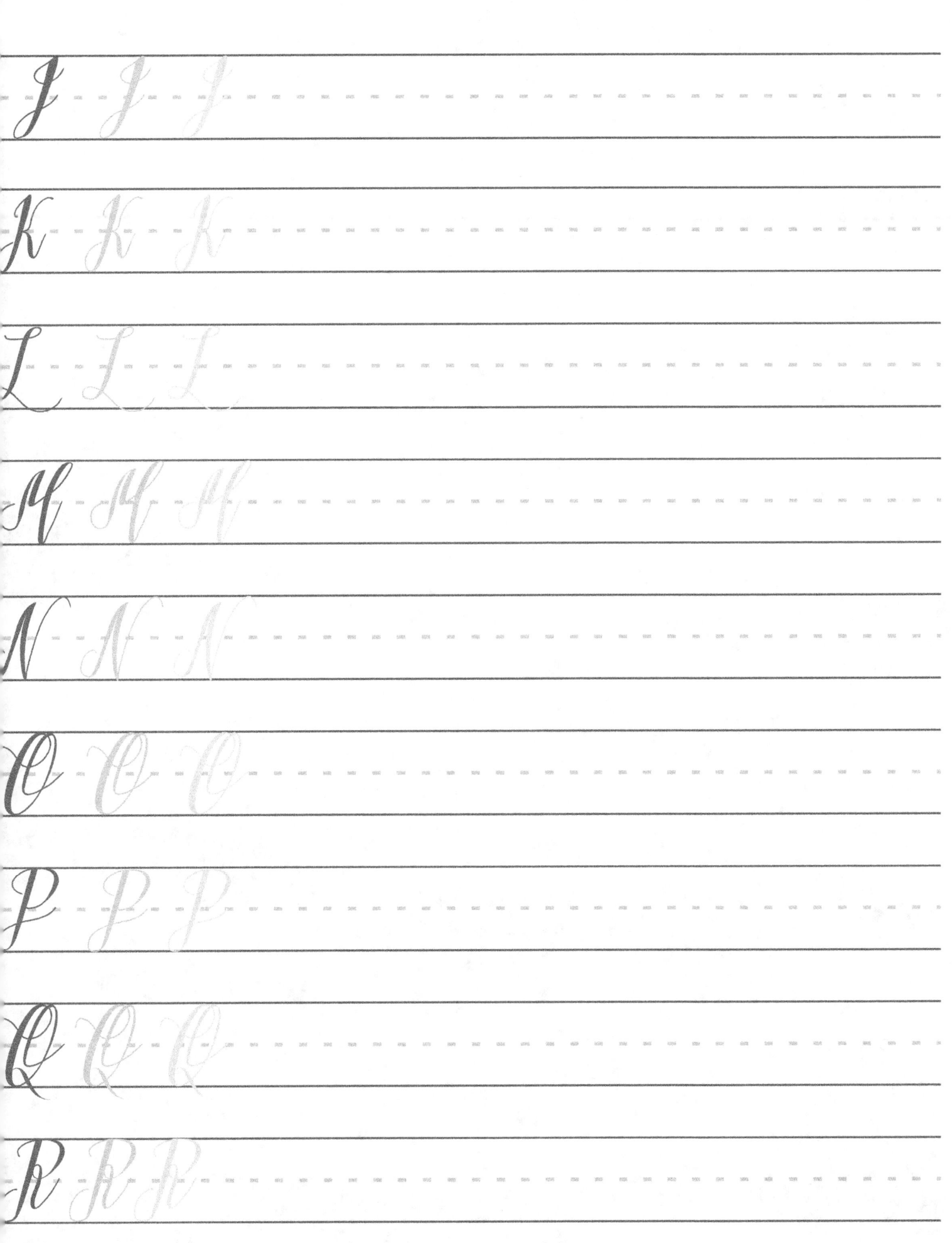

S S S

T T T

U U U

V V V

W W W

X X X

Y Y Y

Z Z Z

Cursive Cursive Cursive

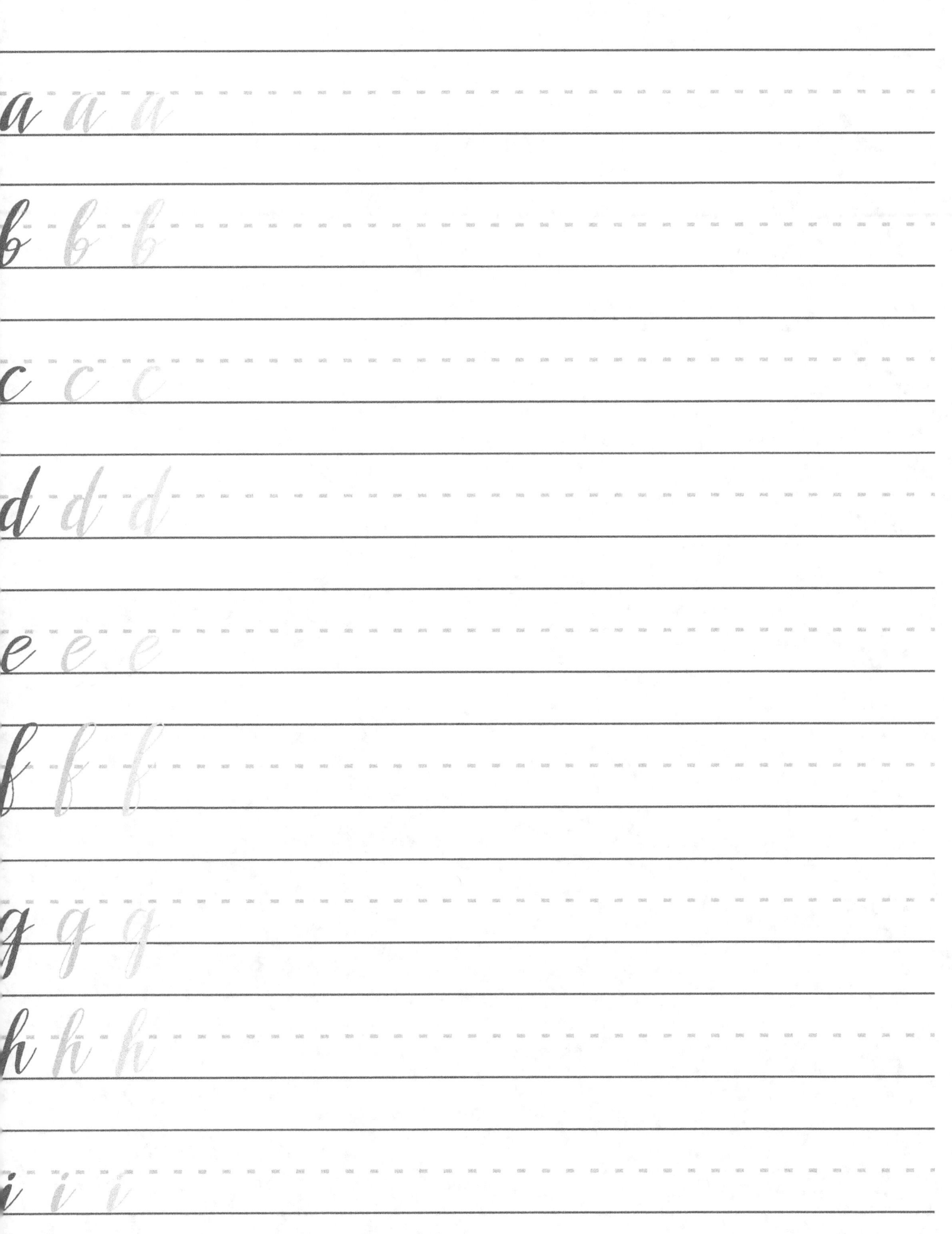

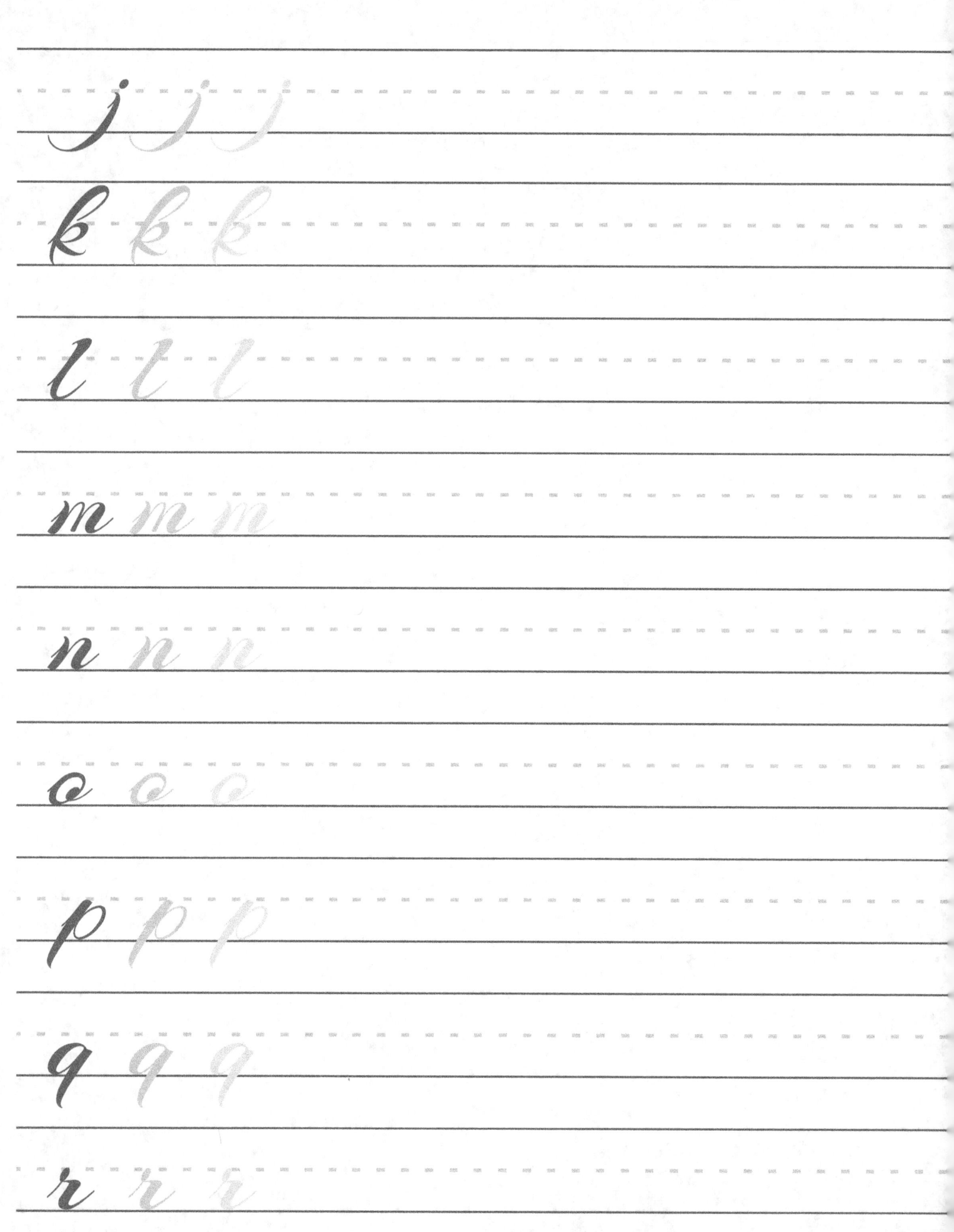

s s s

t t t

u u u

v v v

w w w

x x x

y y y

z z z

Lettering Lettering

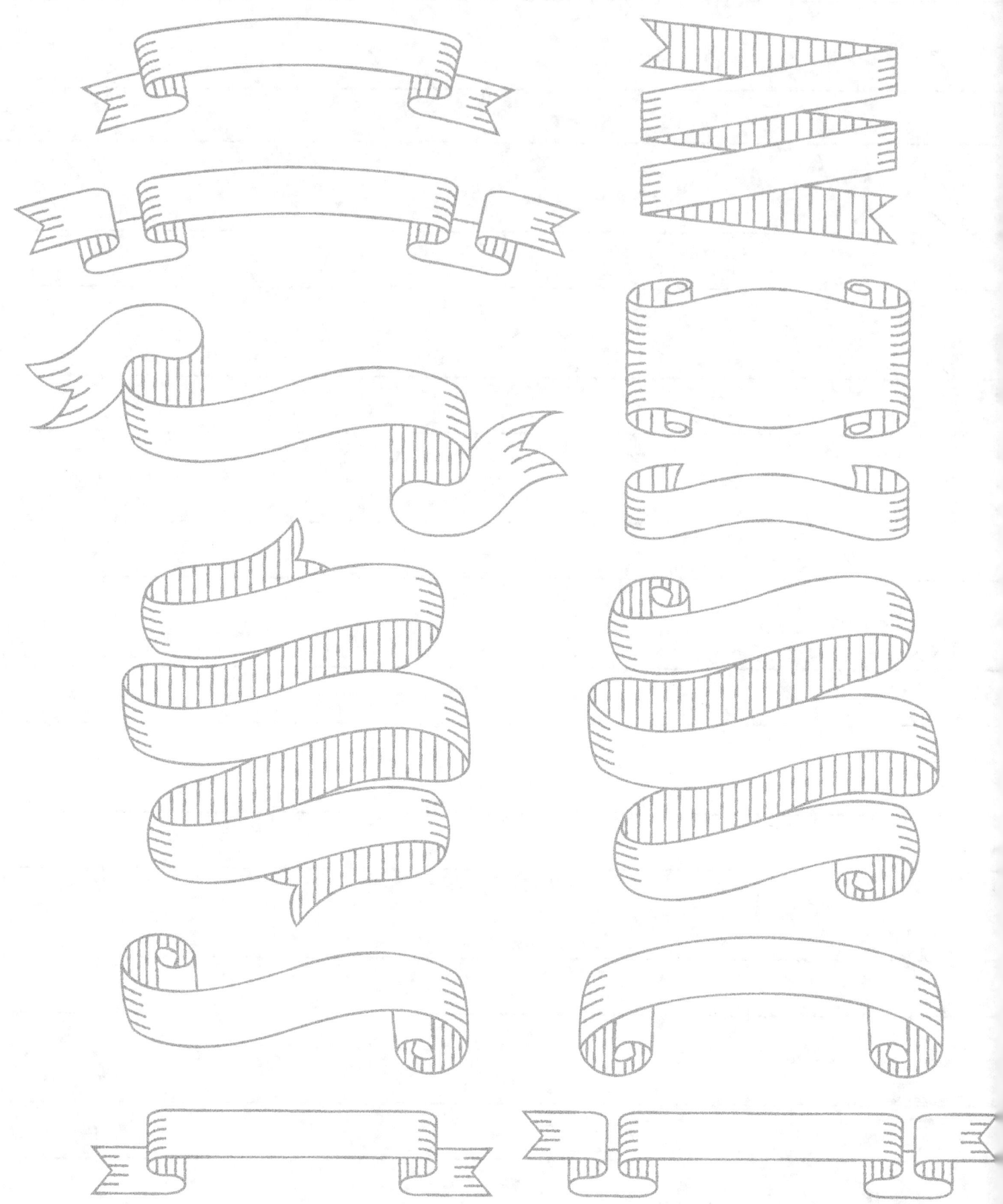

A B C D E F G
H I J K L M N O
P Q R S T U V
W X
Y Z

a b c d e f g
h i j k l m n o
p q r s t u v w x y z

A A A

B B B

C C C

D D D

E E E

F F F

G G G

H H H

I I I

J J J

K K K

L L L

M M M

N N N

O O O

P P P

Q Q Q

R R R

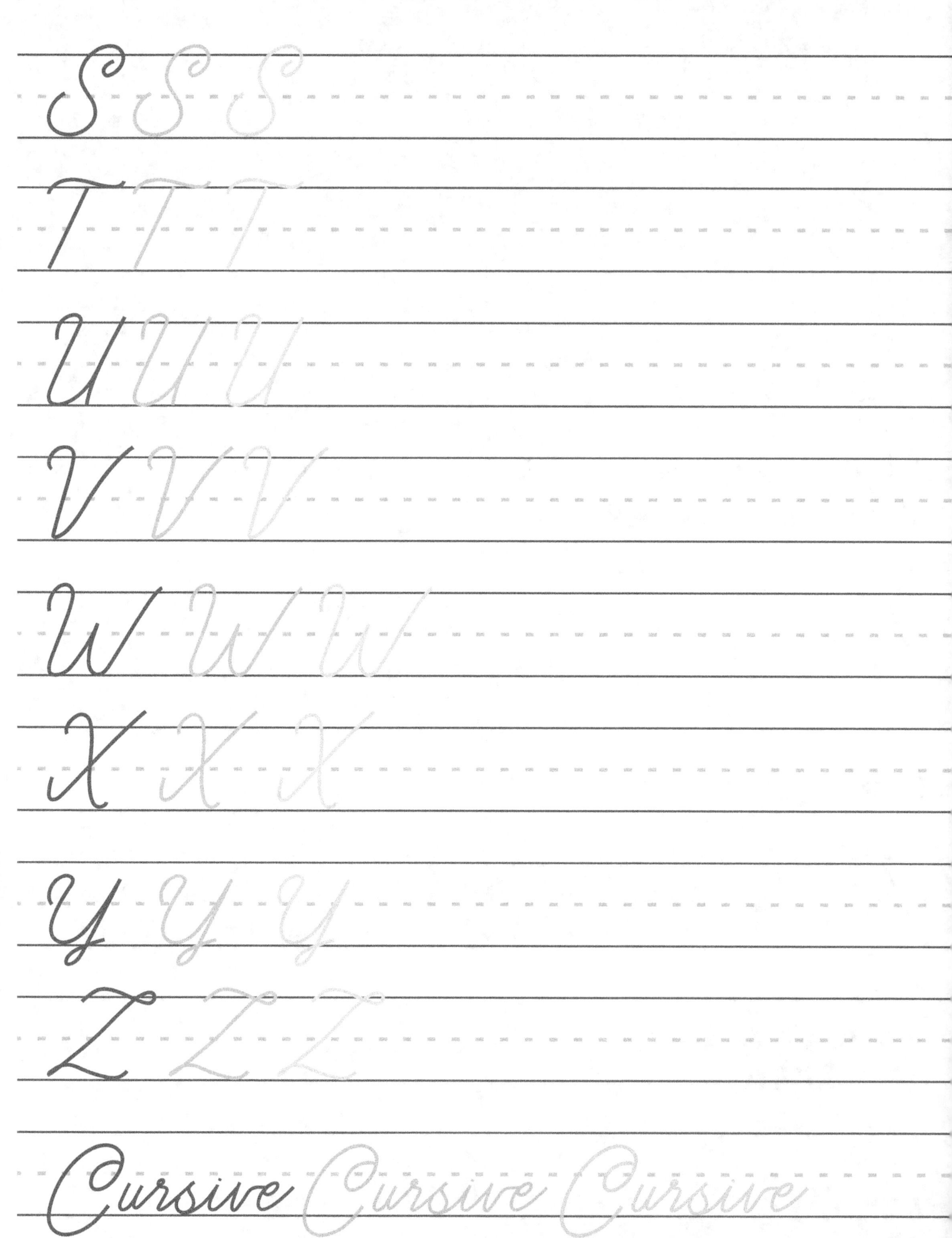

a a a

b b b

c c c

d d d

e e e

f f f

g g g

h h h

i i i

j j j

k k k

l l l

m m m

n n n

o o o

p p p

g g g

r r r

s s s

t t t

u u u

v v v

w w w

x x x

y y y

z z z

Lettering Lettering

ABCDEFG
HIJKLMNO
PQRSTUVW
XYZ

abcdefg
hijklmno
pqrstuvwxyz

A A A

B B B

C C C

D D D

E E E

F F F

G G G

H H H

I I I

J J J J

K K K K

L L L L

M M M M

N N N N

O O O O

P P P P

Q Q Q Q

R R R R

S S S

T T T

U U U

V V V

W W W

X X X

Y Y Y

Z Z Z

Cursive Cursive

a a a

b b b

c c c

d d d

e e e

f f f

g g g

h h h

i i i

j j j

k k k

l l l

m m m

n n n

o o o

p p p

q q q

r r r

s s s

t t t

u u u

v v v

w w w

x x x

y y y

z z z

Learn Learn

A B C D E F G
H I J K L M N O
P Q R S T U V W X Y Z

a b c d e f g
h i j k l m n o
p q r s t u v w x y z

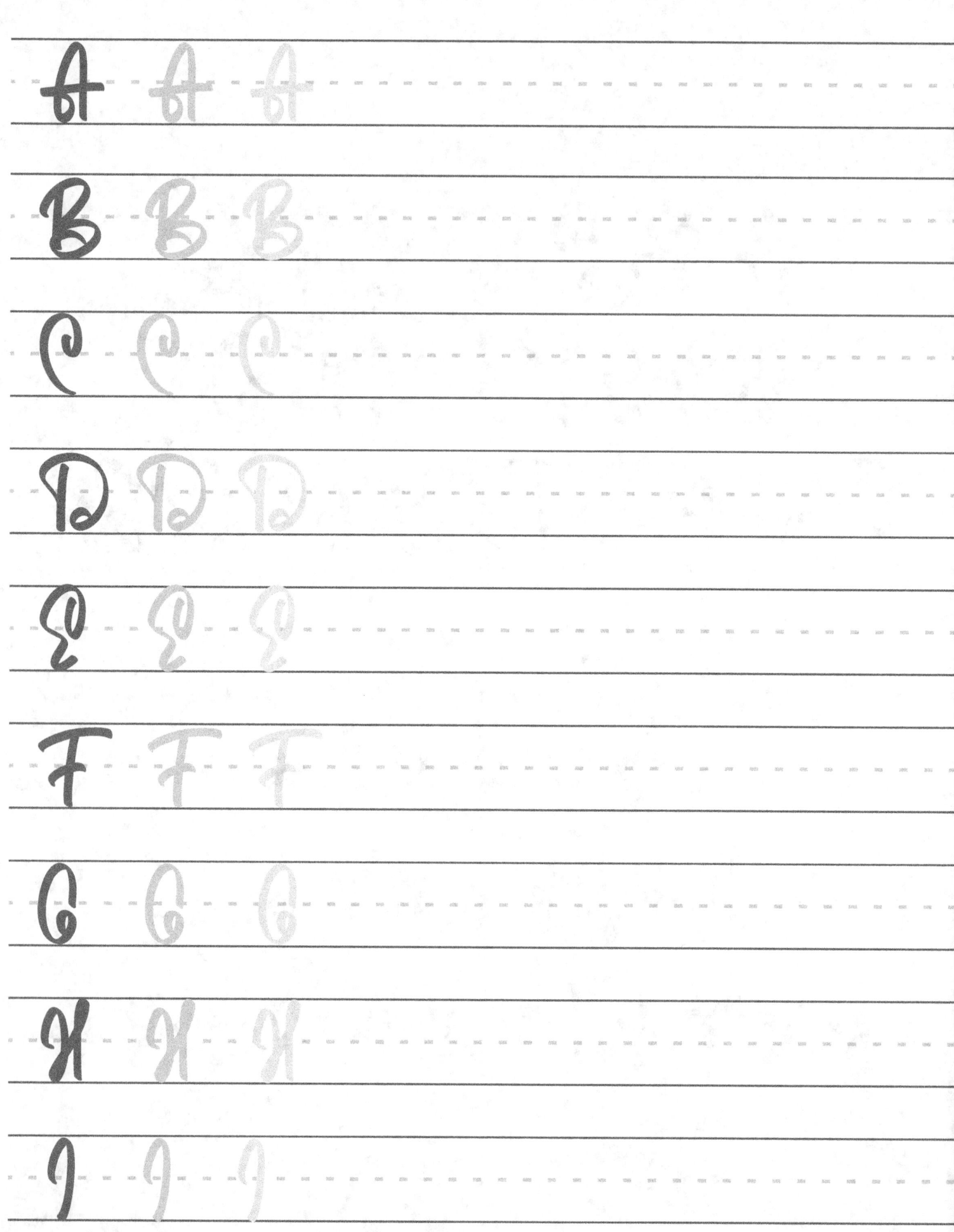

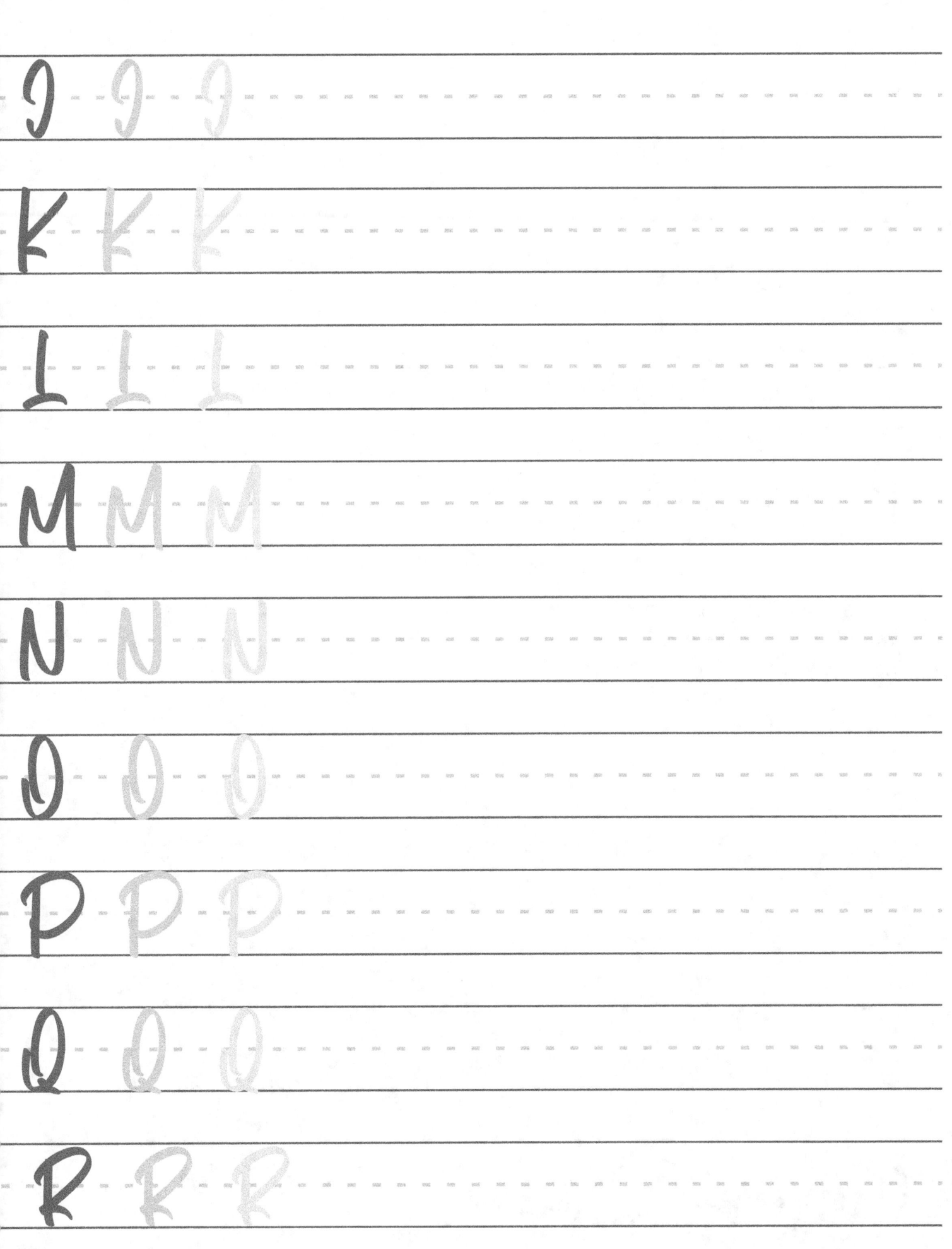

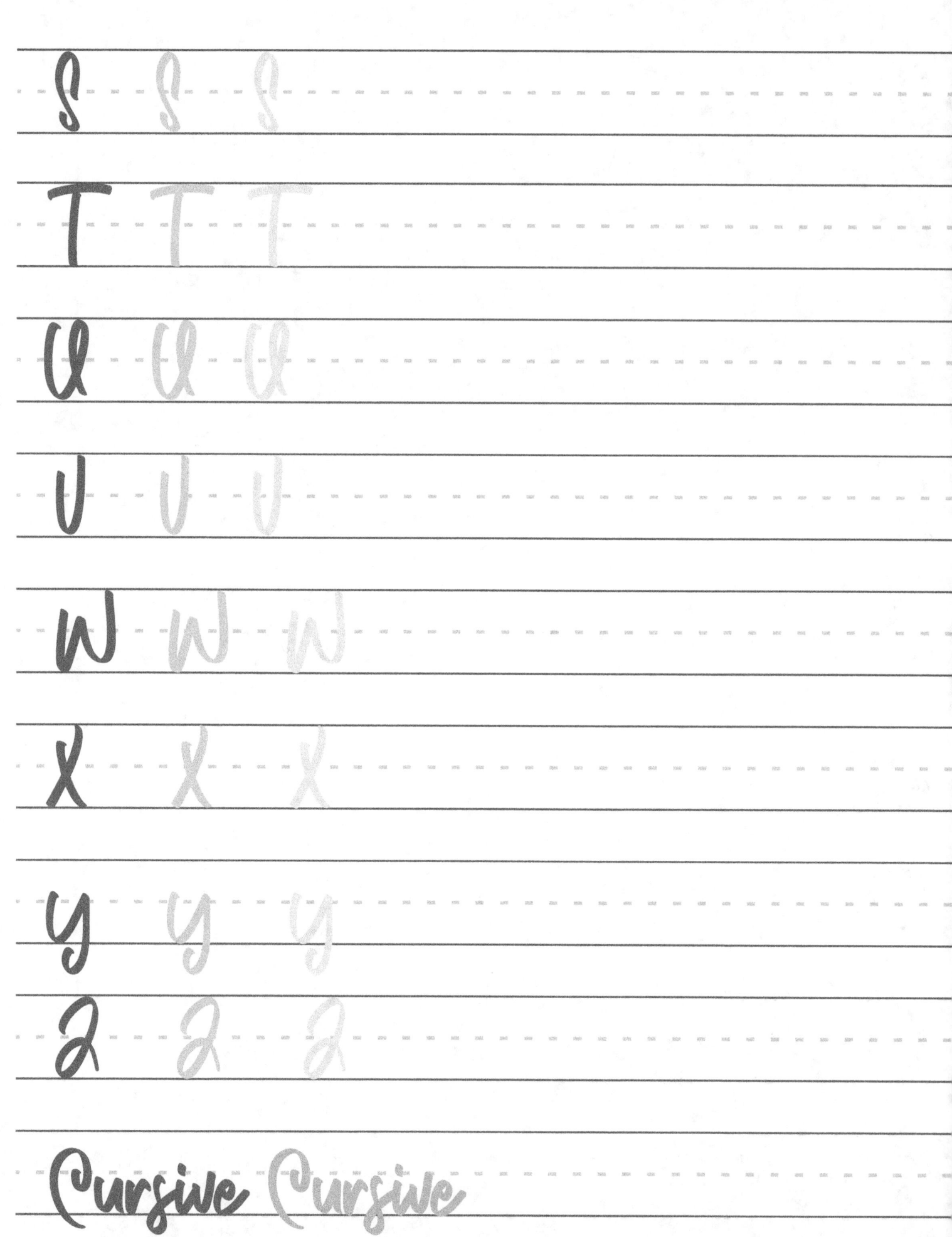

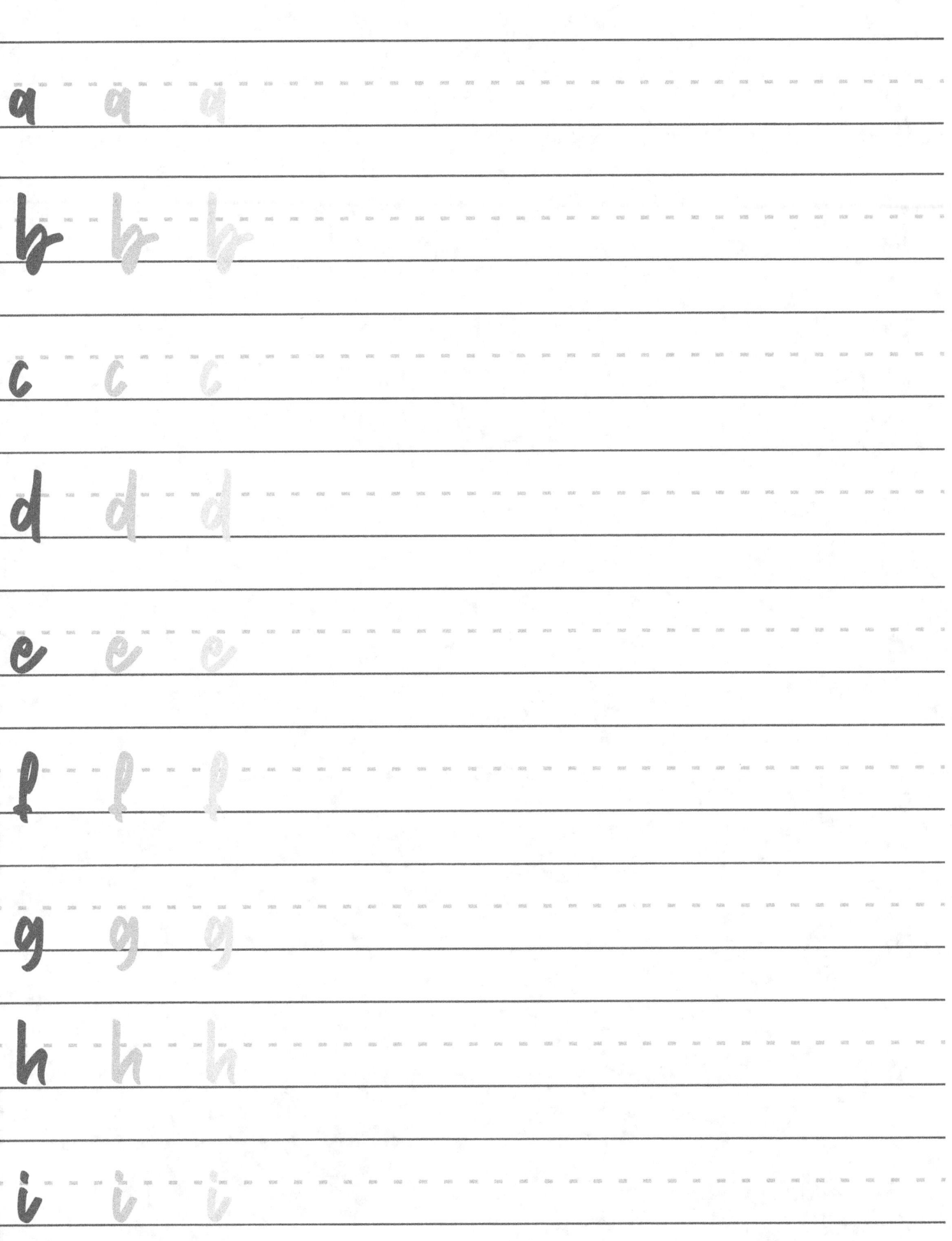

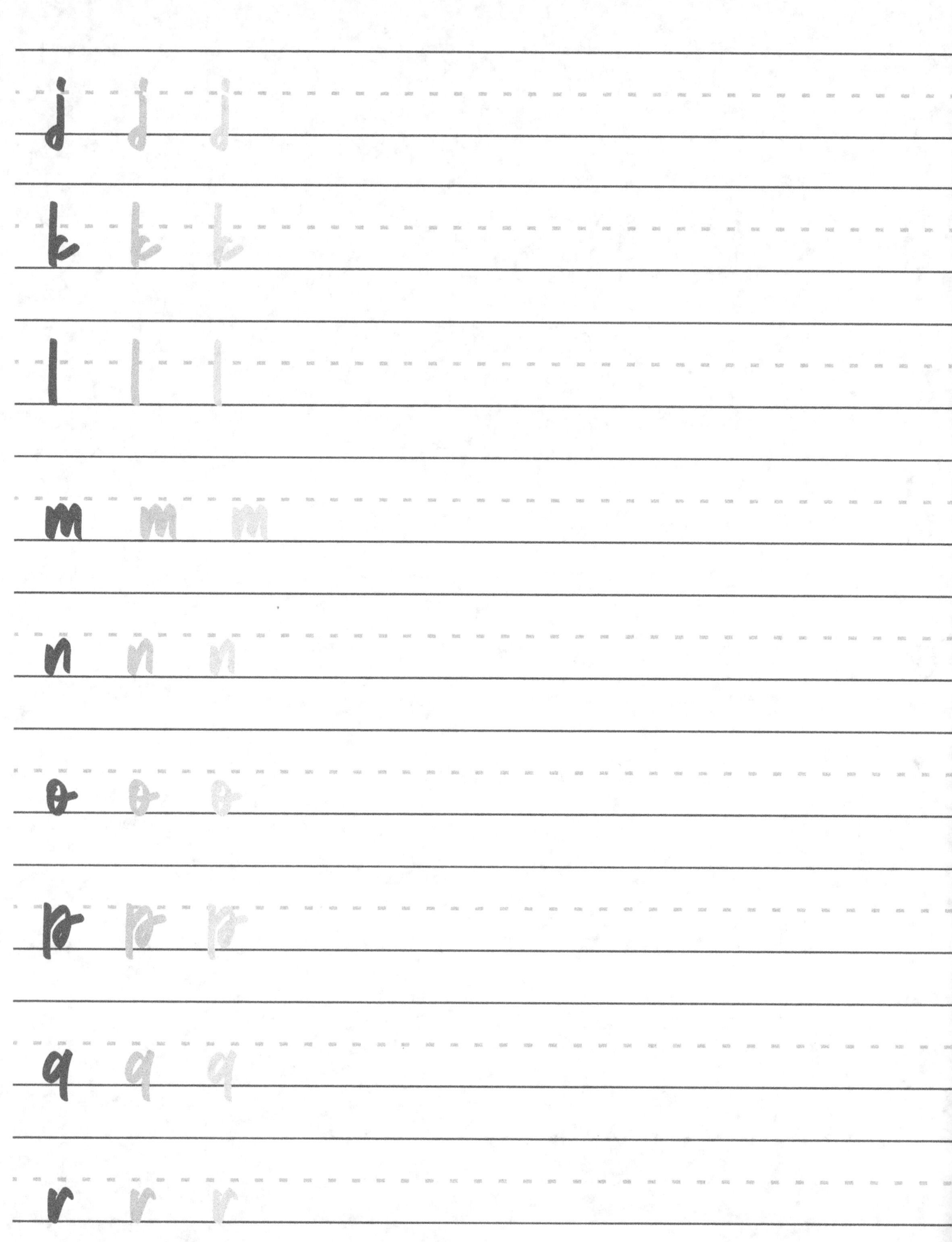

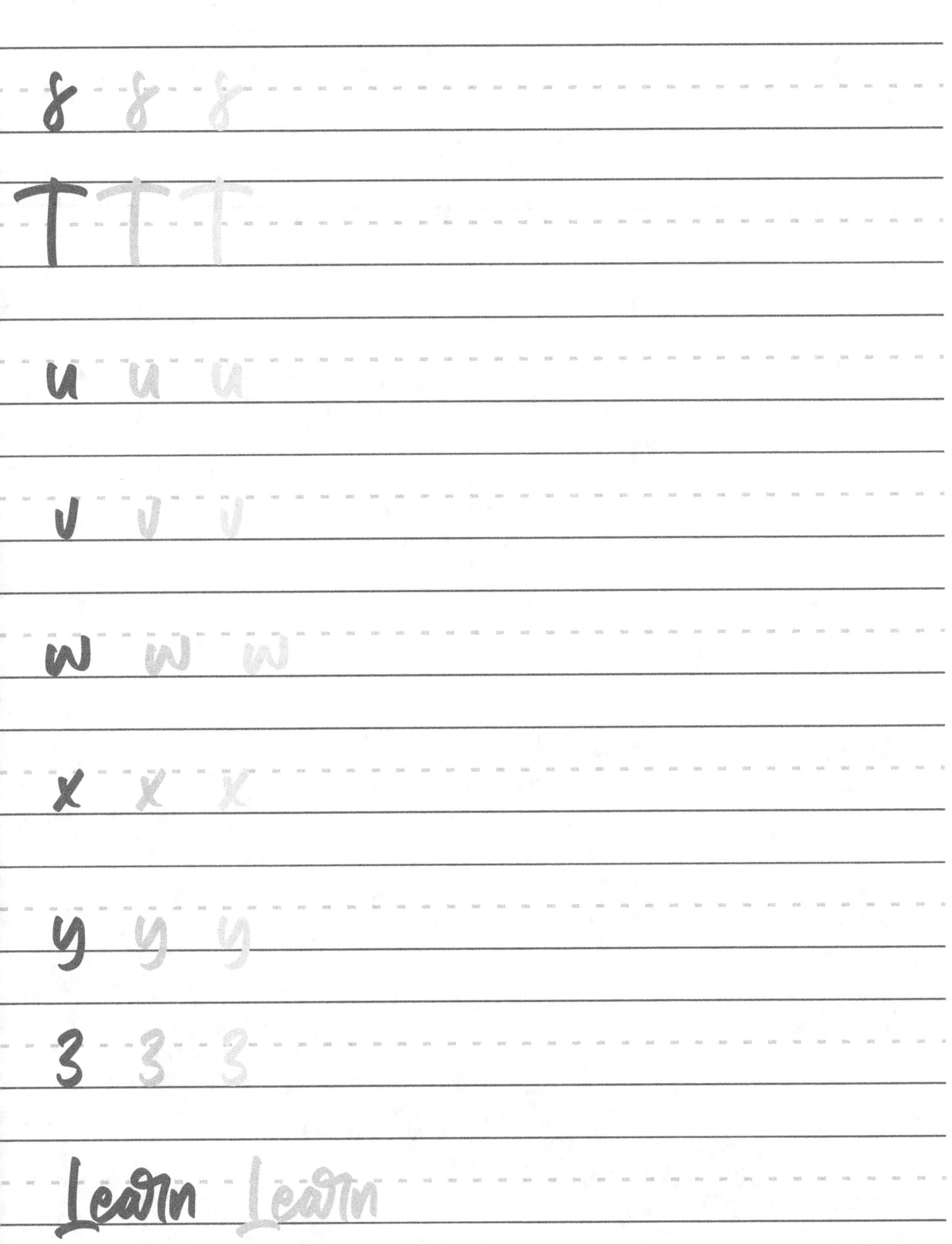

ABCDEFG
HIJKLMNO
PQRSTUVWXYZ

abcdefg
hijklmno
pqrstuvwxyz

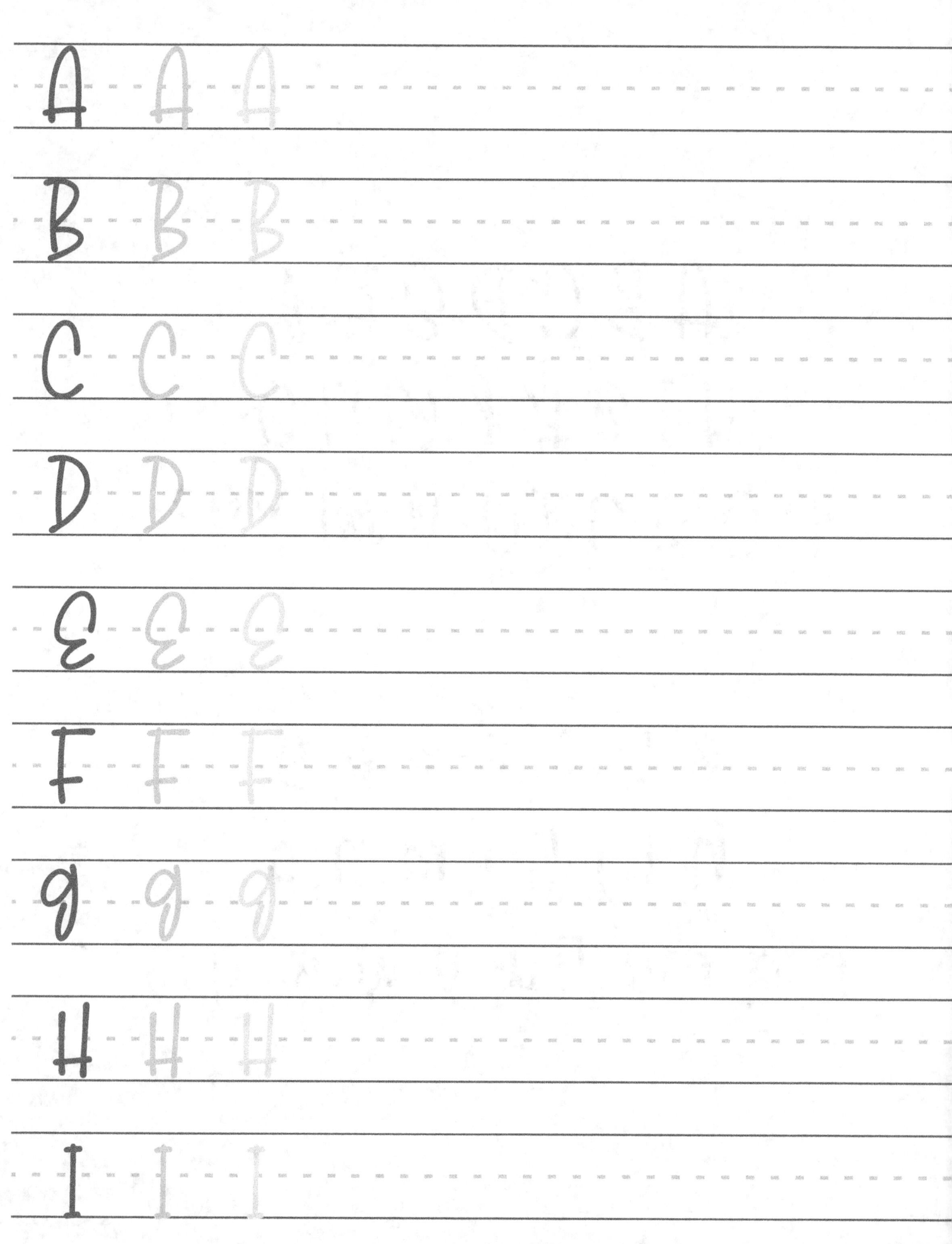

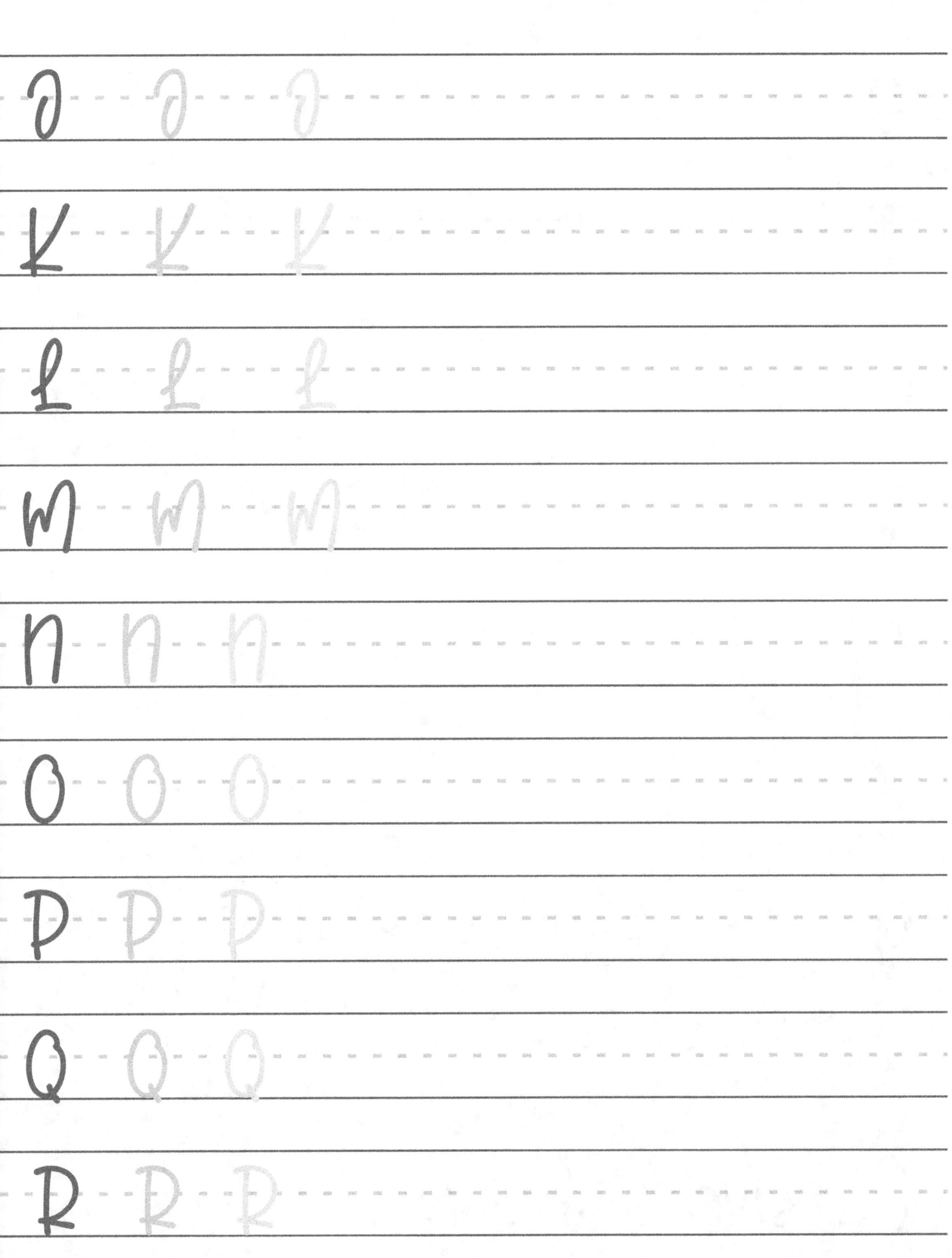

S S S

T T T

U U U

V V V

W W W

X X X

Y Y Y

Z Z Z

Cursive Cursive

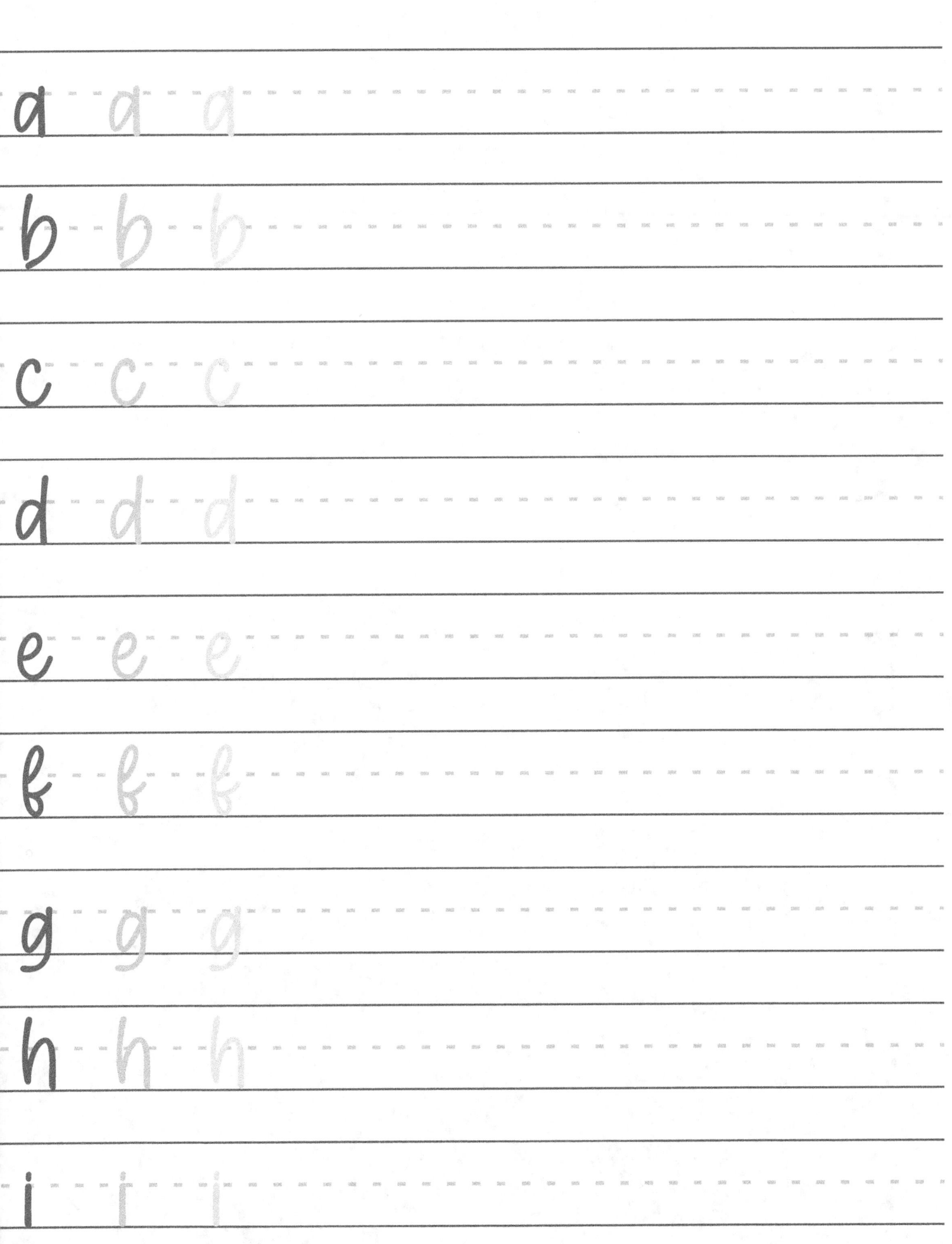

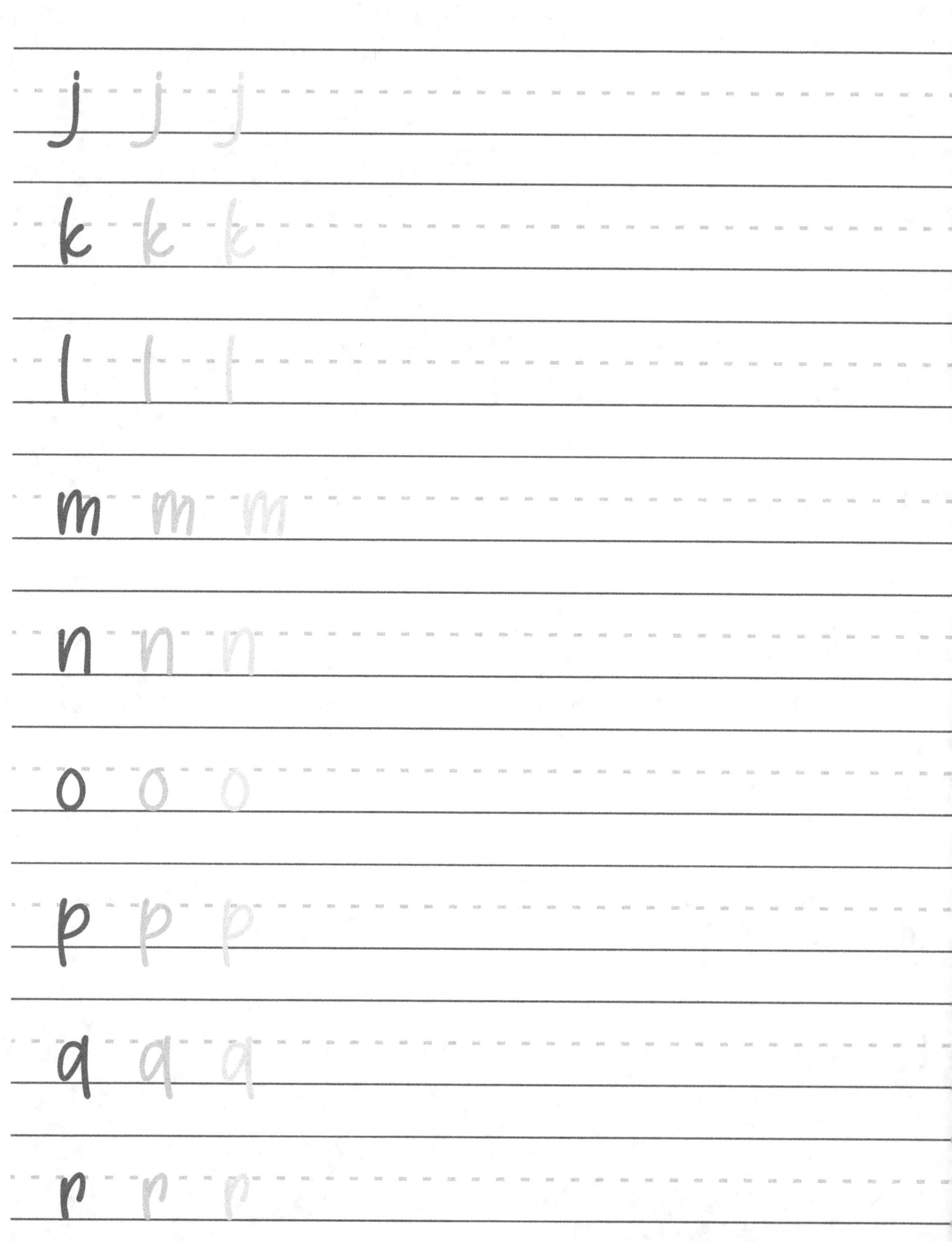

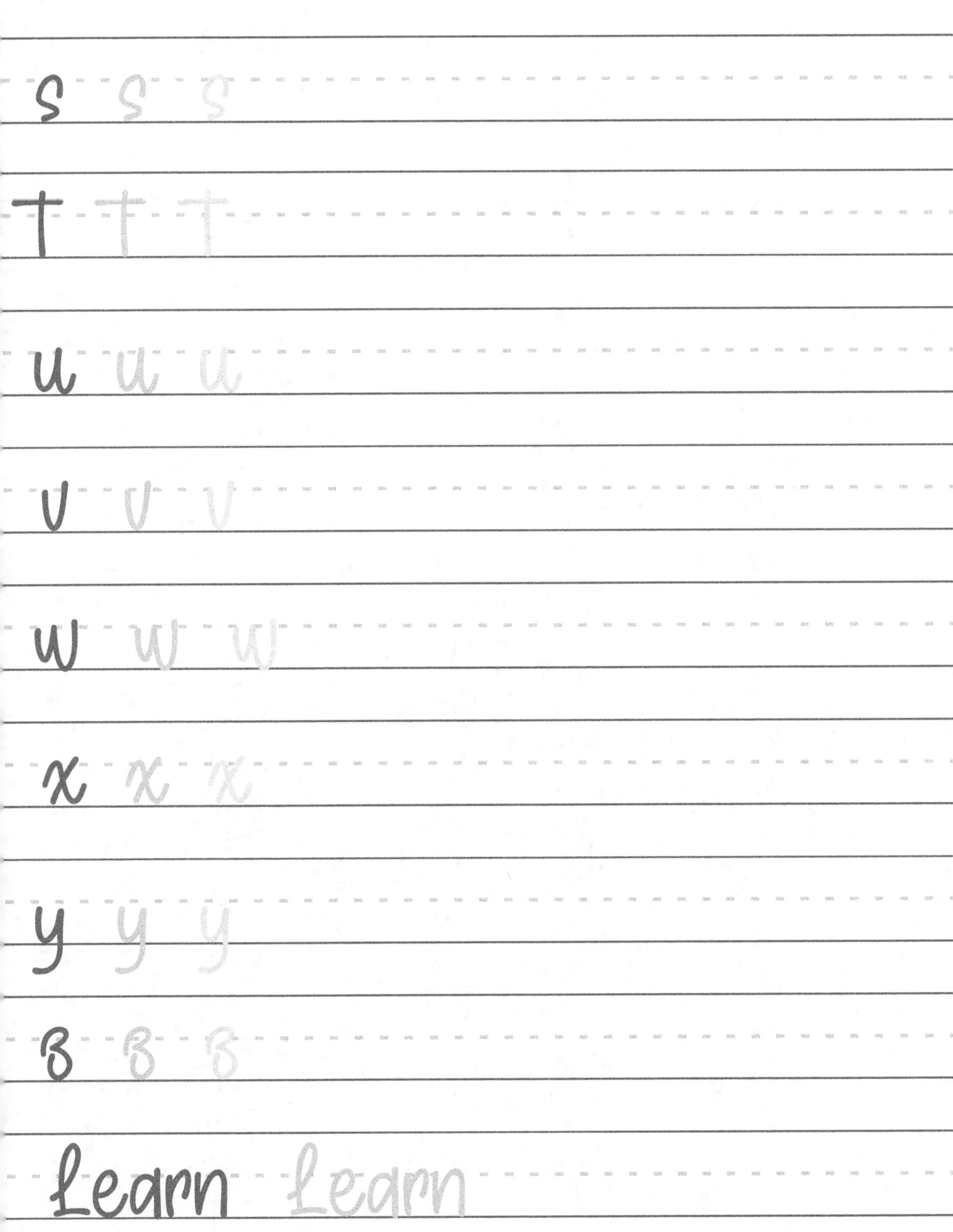

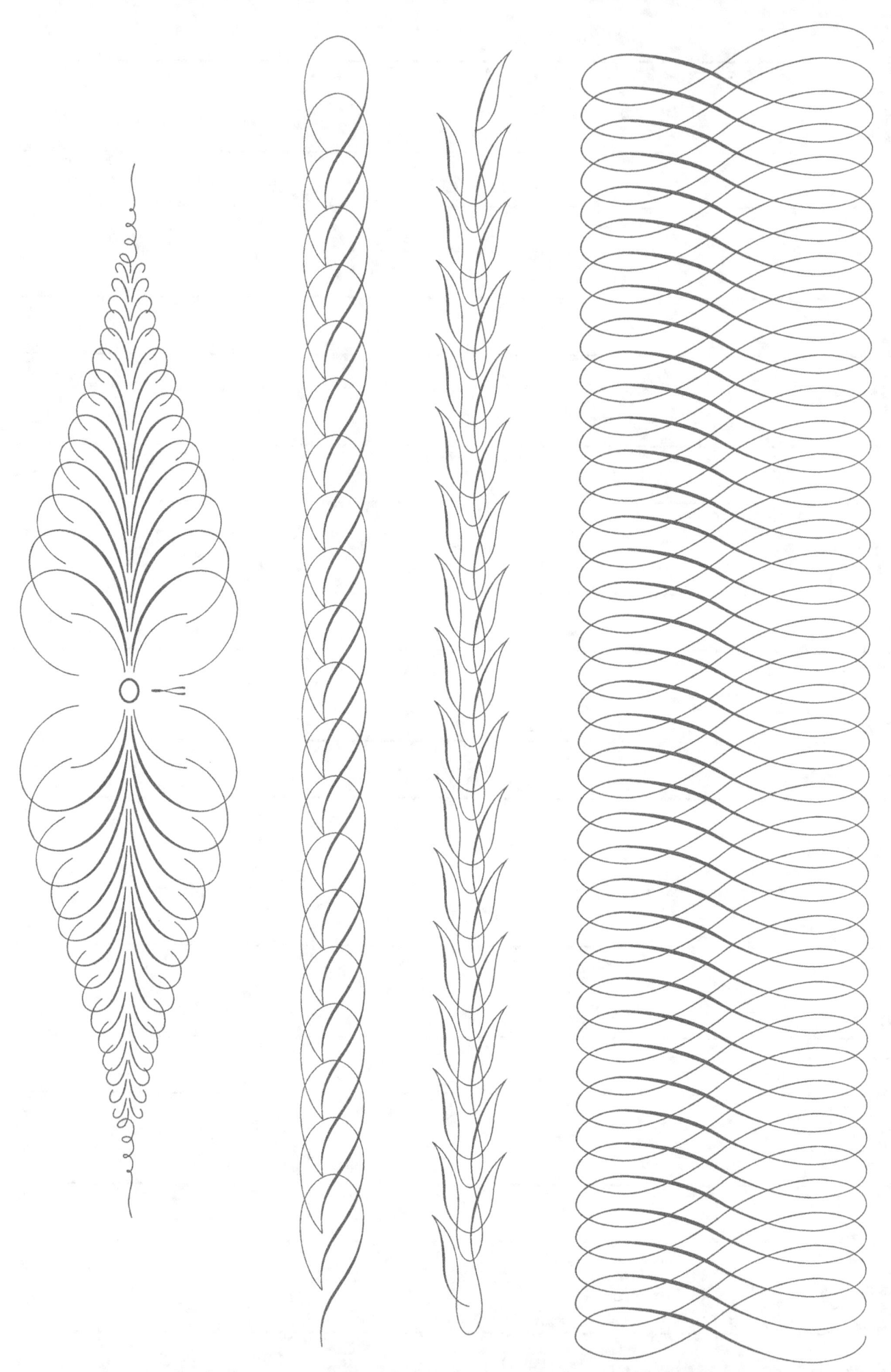

ABCDEFG
HIJKLMNO
PQRSTUVW
XYZ

abcdefg
hijklmno
pqrstuvwxyz

A A A

B B B

C C C

D D D

E E E

F F F

G G G

H H H

I I I

J J J

K K K

L L L

M M M

N N N

O O O

P P P

Q Q Q

R R R

S S S

T T T

U U U

V V V

W W W

X X X

Y Y Y

Z Z Z

Cursive Cursive

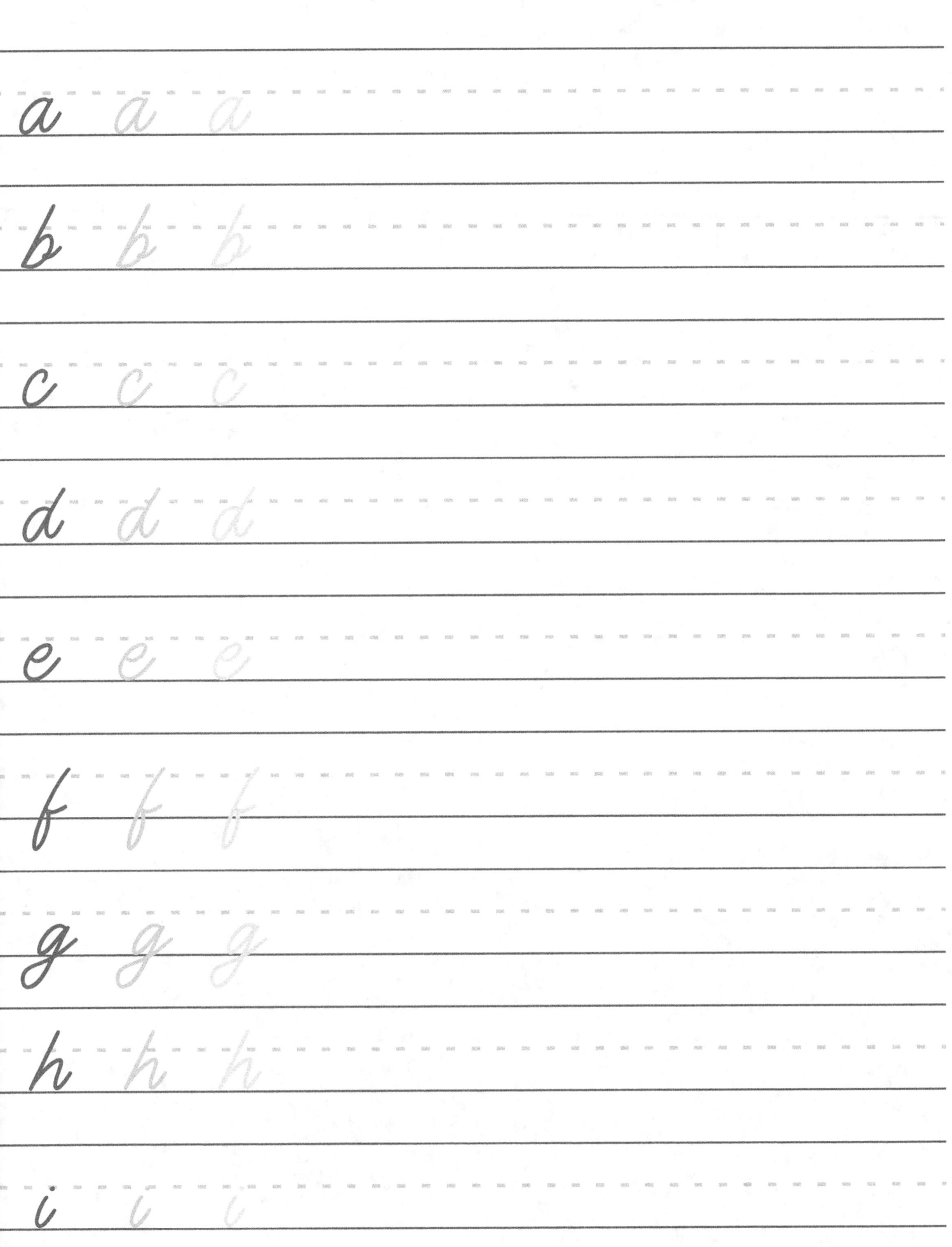

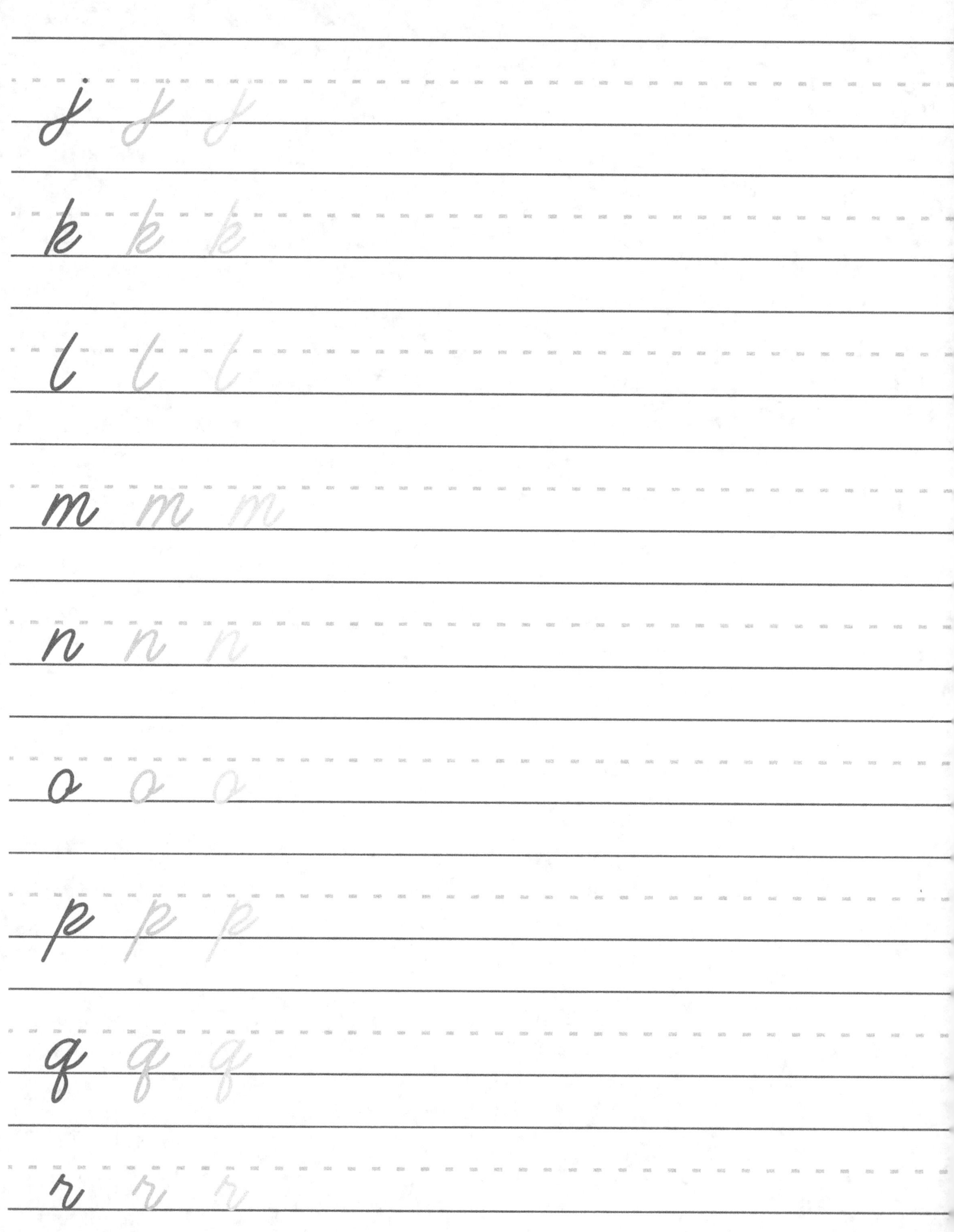

s s s

t t t

u u u

v v v

w w w

x x x

y y y

z z z

Learn Learn

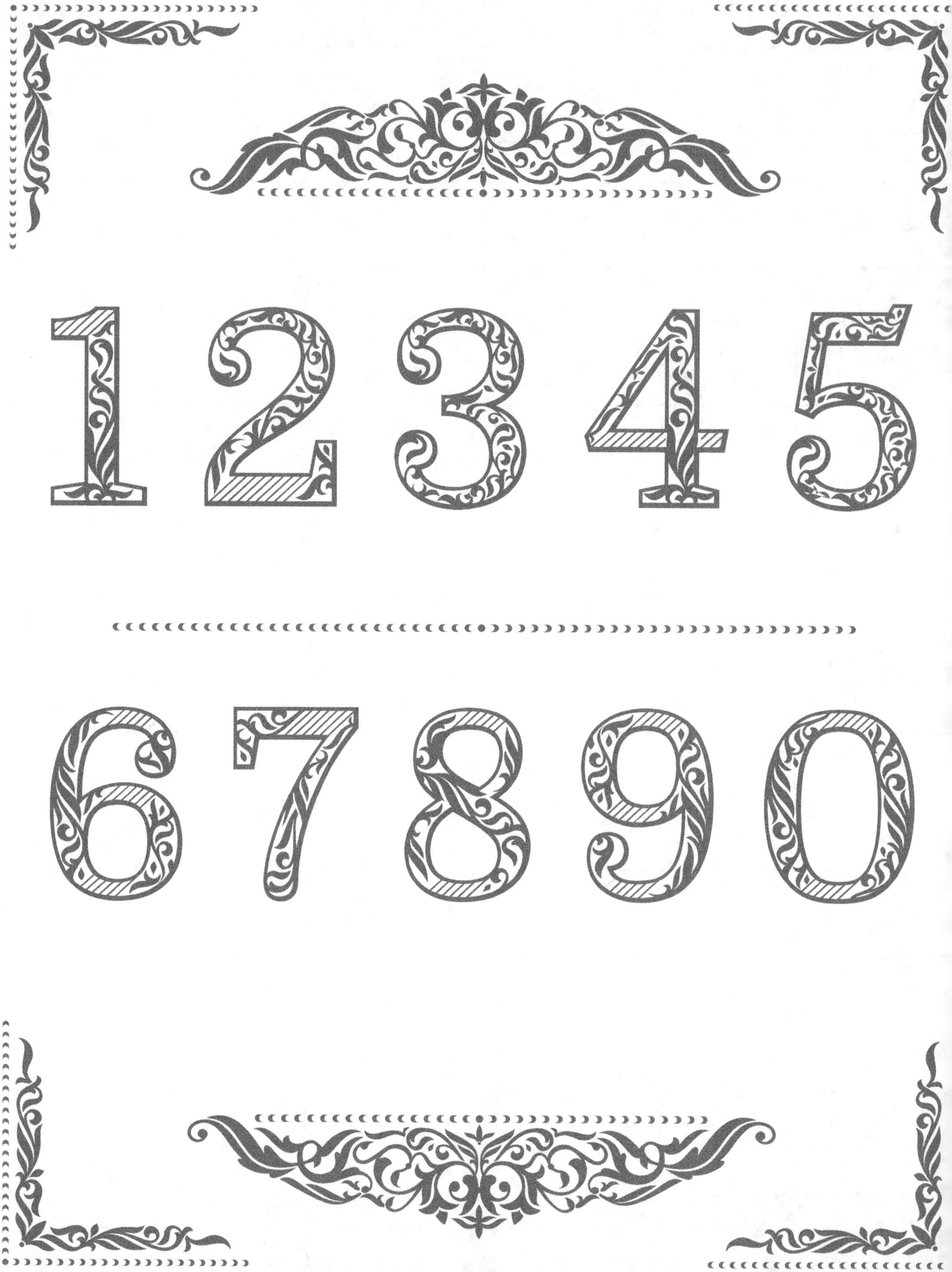

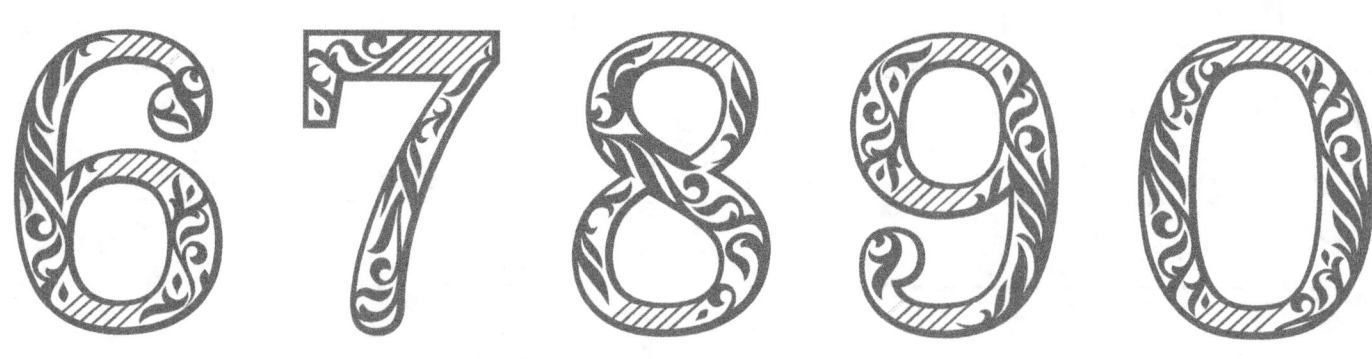

ABCDEFG
HIJKLMNO
PQRSTUVWXYZ

a b c d e f g
h i j k l m n o
p q r s t u v w x y z

A A A

B B B

C C C

D D D

E E E

F F F

G G G

H H H

I I I

J J J

K k k

l l l

M M M

N N N

O O O

P P P

Q Q Q

R R R

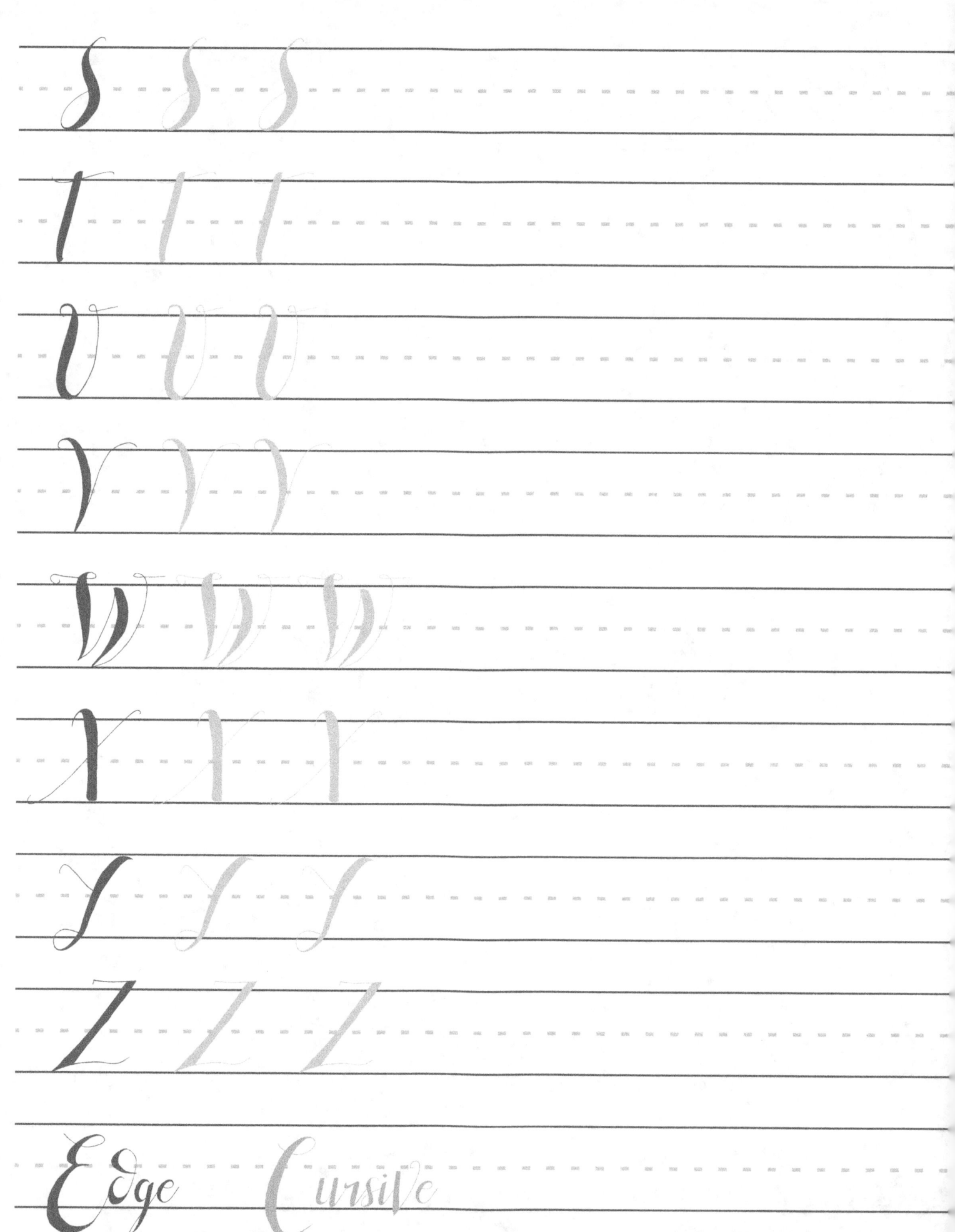

a a a

b b b

c c c

d d d

e e e

f f f

g g g

h h h

i i i

j j j

k k k

l l l

m m m

n n n

o o o

p p p

q q q

r r r

s s s

t t t

u u u

v v v

y y y

x x x

y y y

z z z

learn learn

0 1 2 3 4

5 6 7 8 9

ABCDEFG
HIJKLMNO
PQRSTU V W XYZ

a b c d e f g
h i j k l m n o
p q r s t u v w x y z

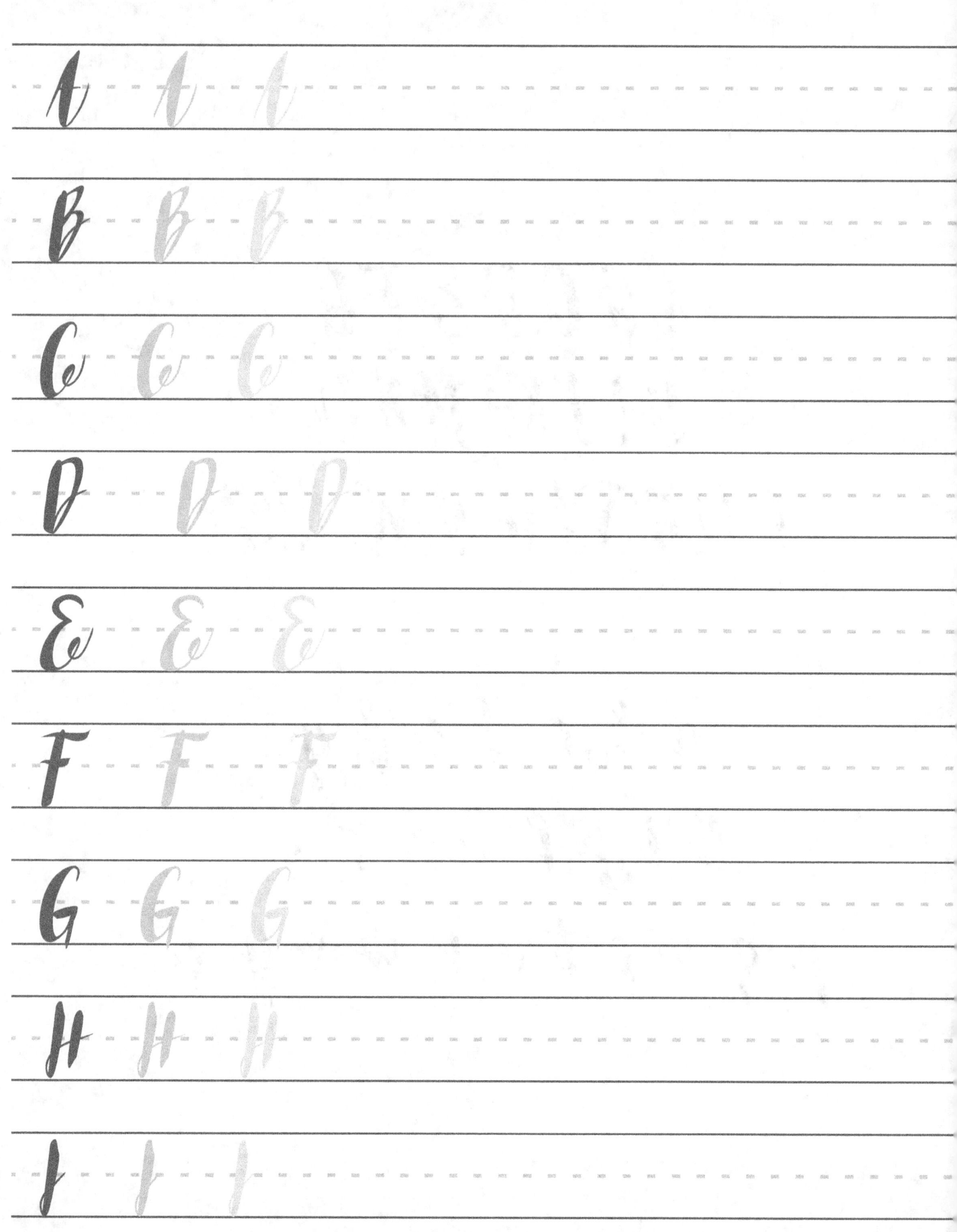

J J J

K K K

L L L

M M M

N N N

O O O

P P P

Q Q Q

R R R

S S S

F F F

U U U

V V V

W W W

X X X

Y Y Y

Z Z Z

Cursive Cursive

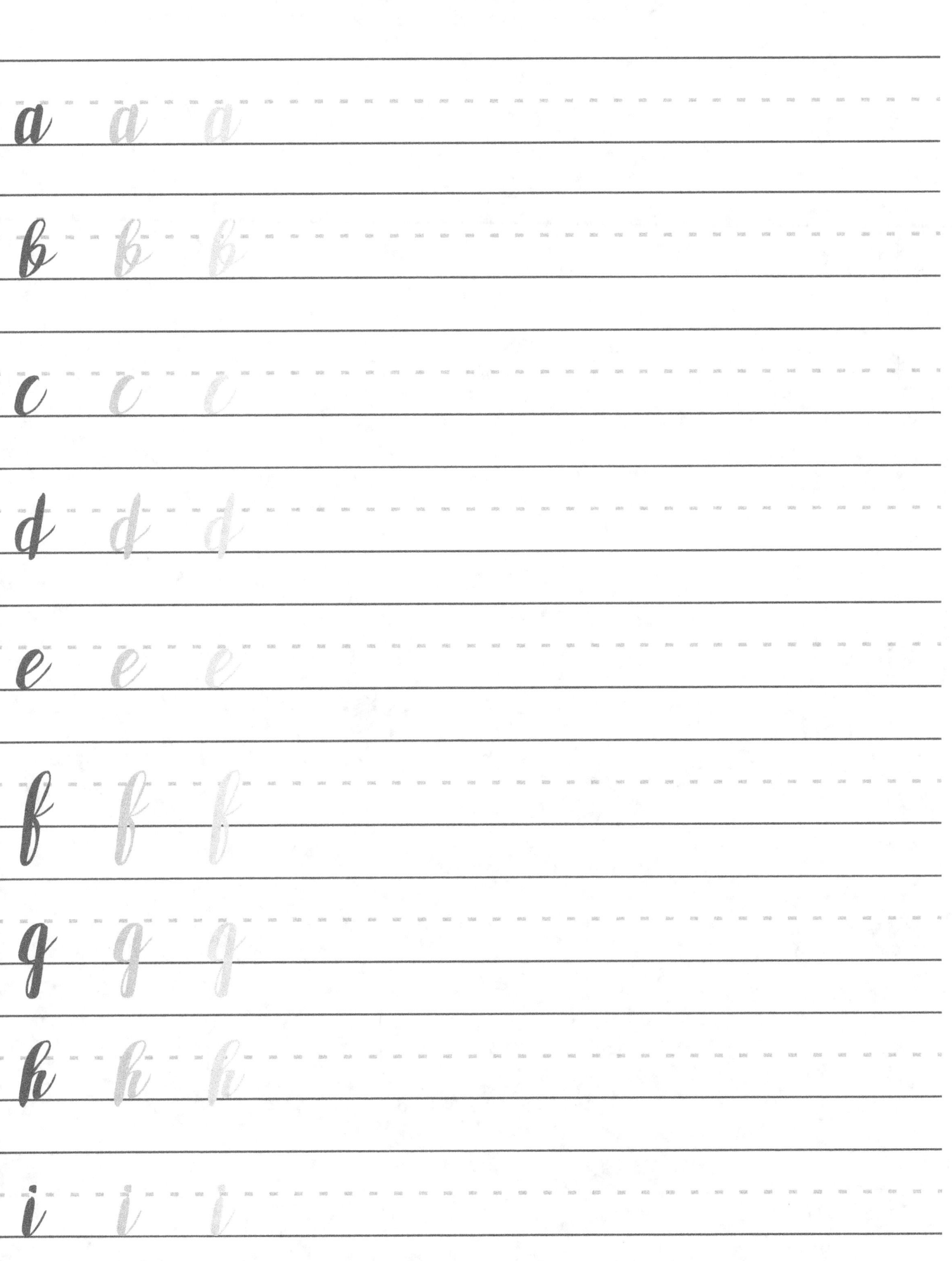

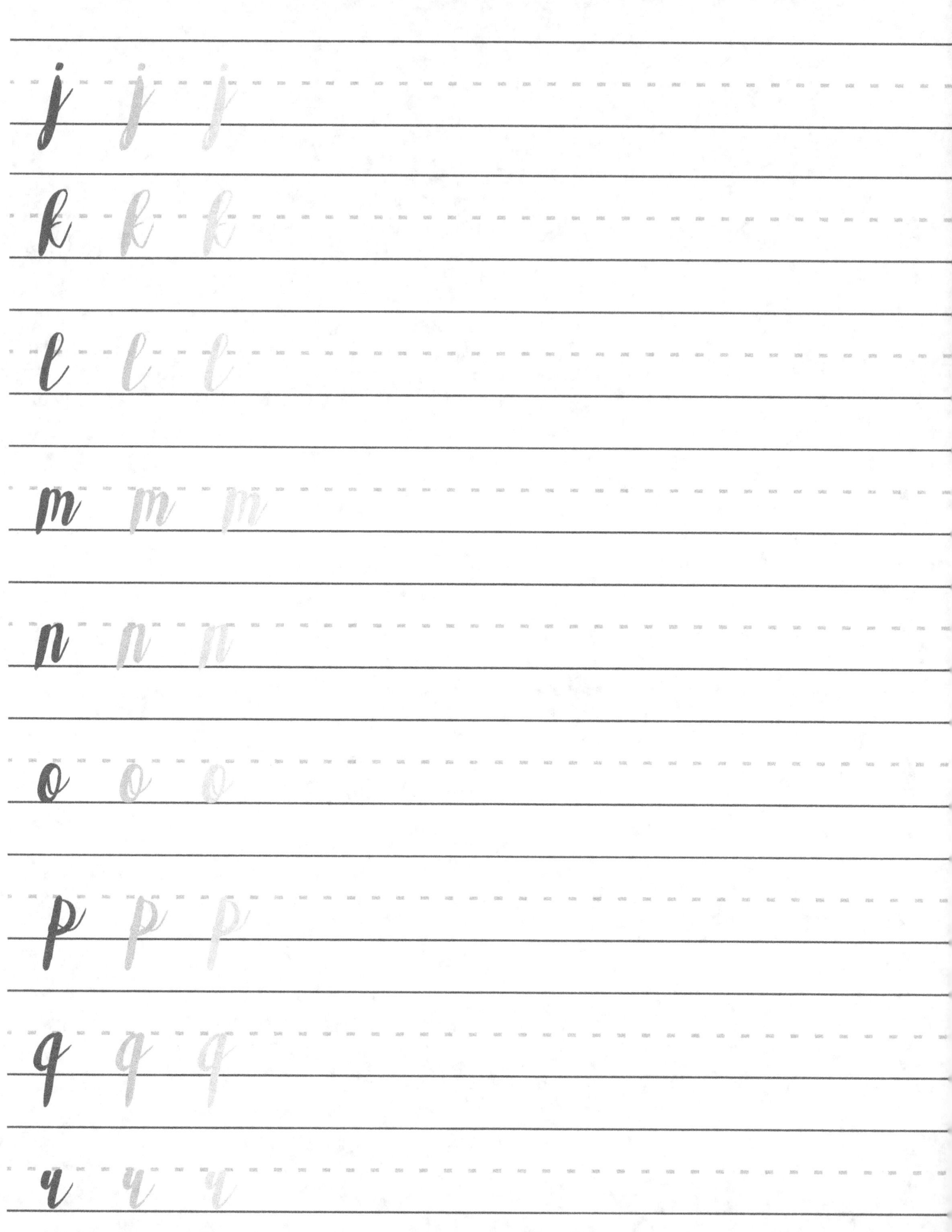

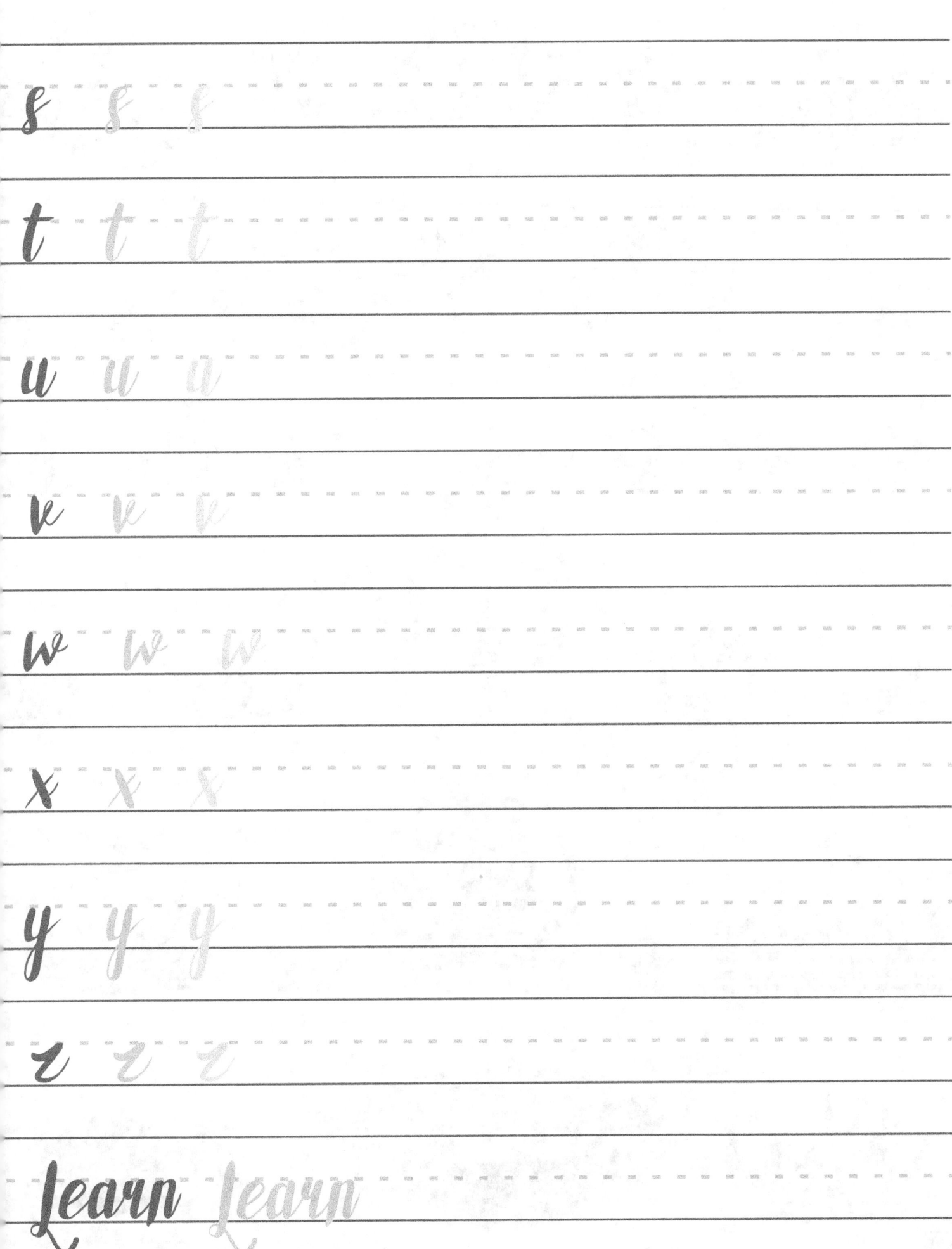

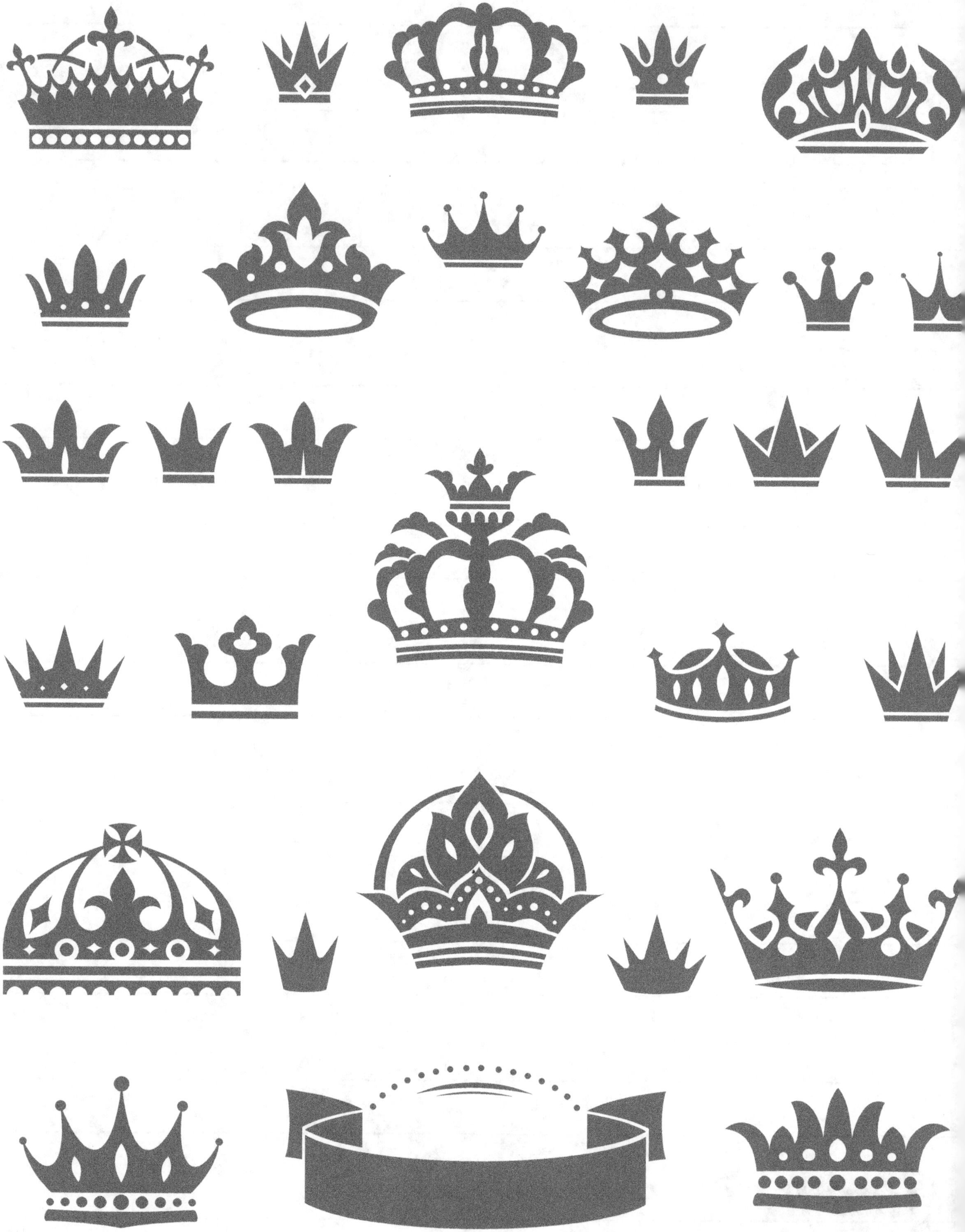

ABCDEFG
HIJKLMNO
PQRSTUVW
XYZ

abcdefg
hijklmno
pqrstuvwxy
z

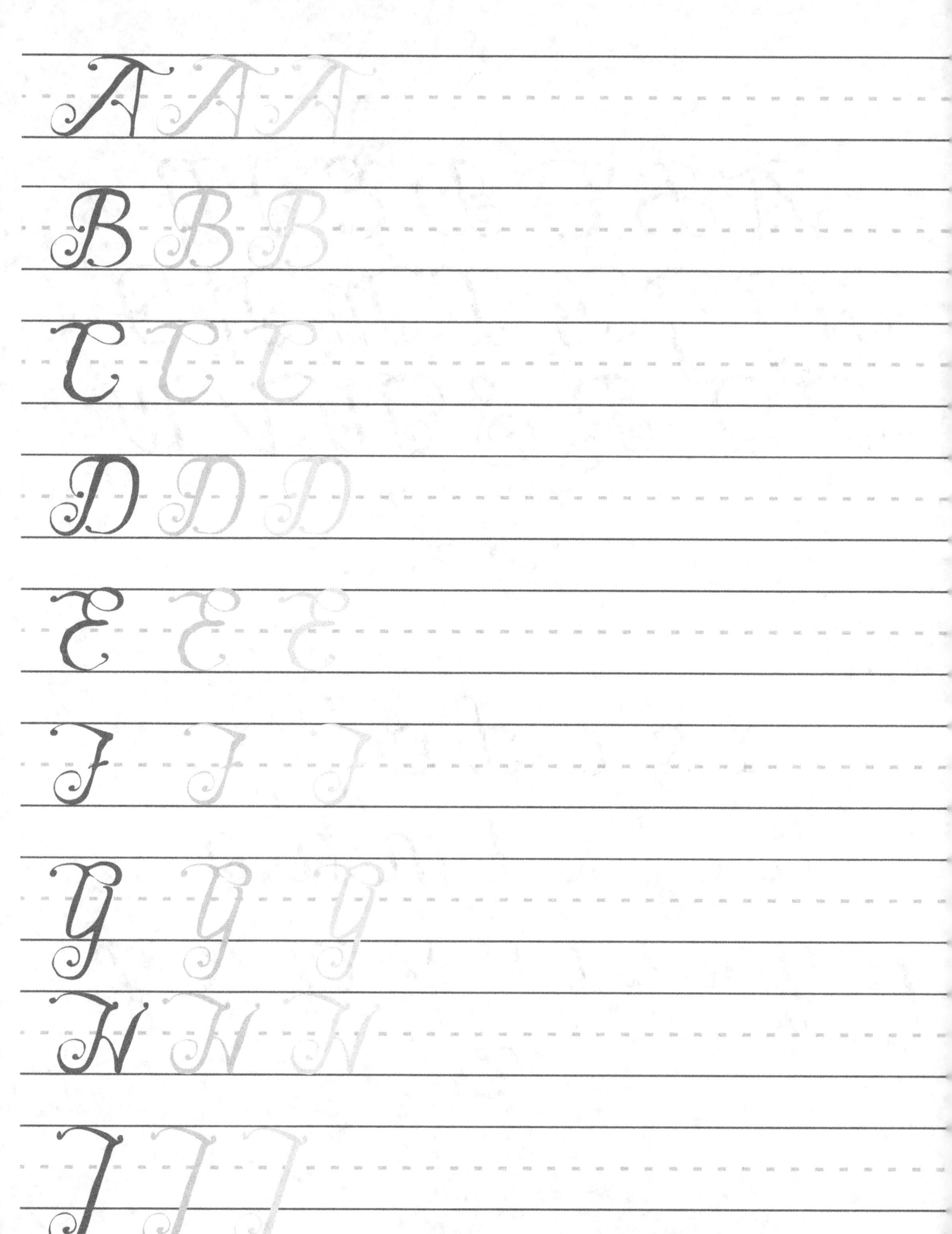

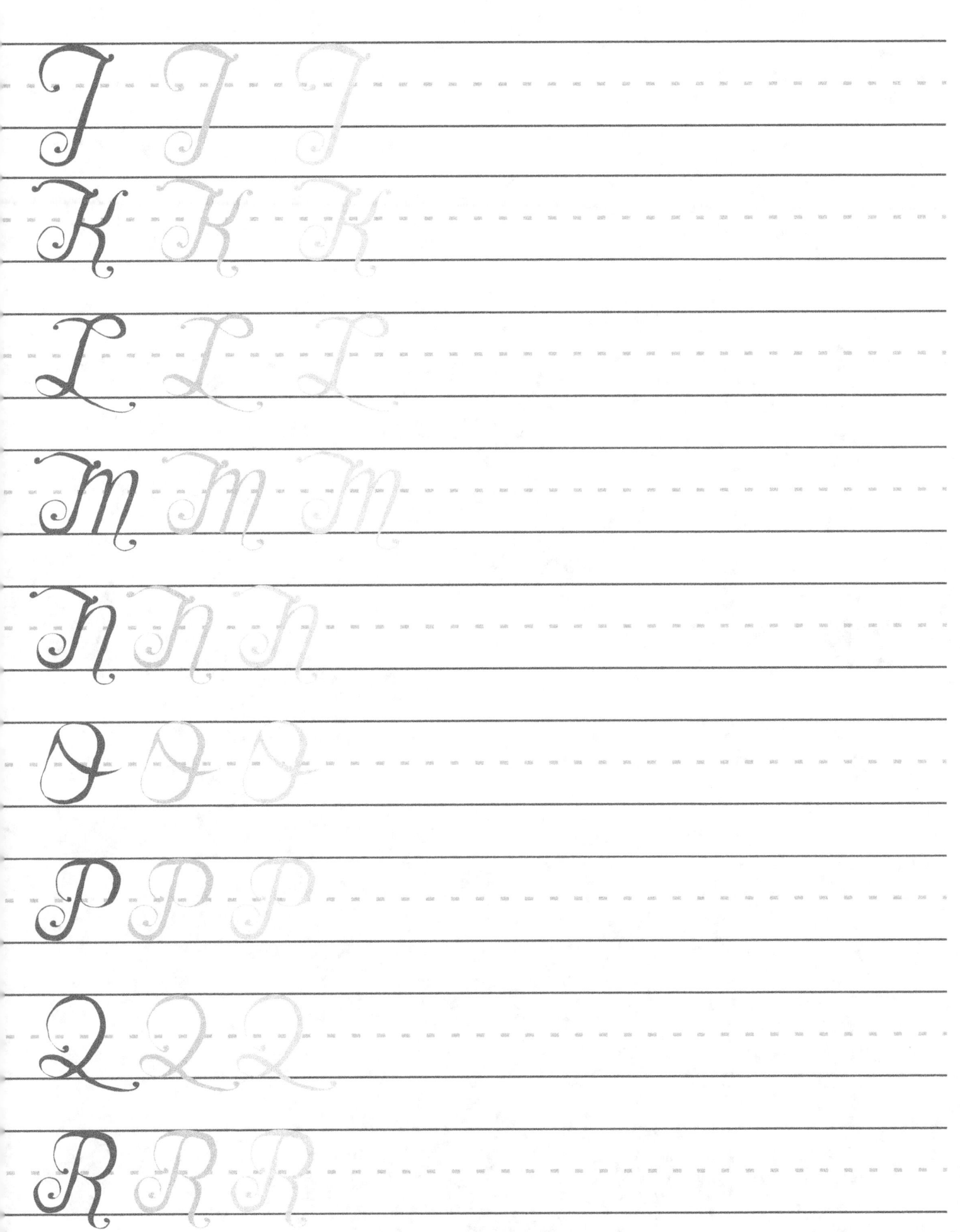

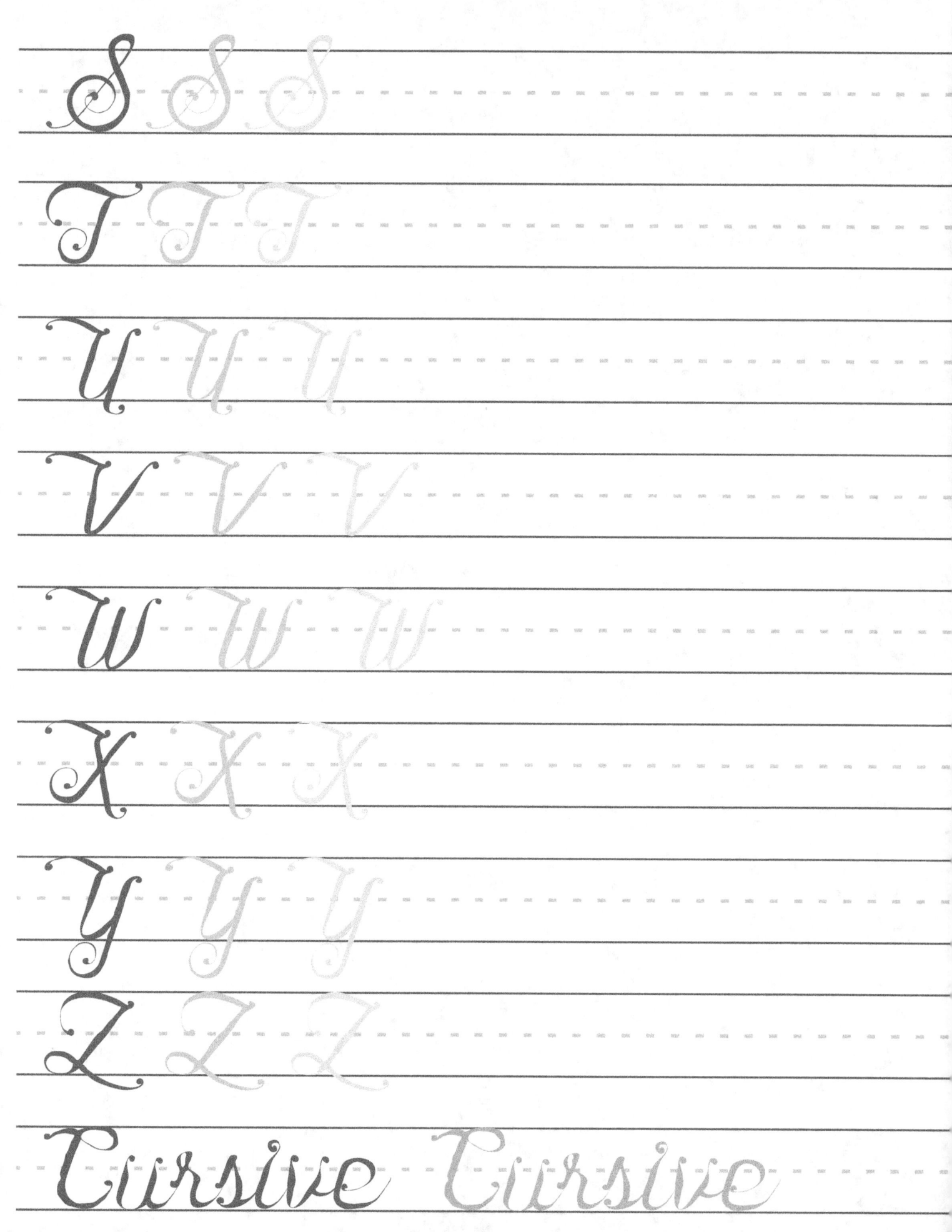

a a a

b b b

c c c

d d d

e e e

f f f

g g g

h h h

i i i

j j j

k k k

l l l

m m m

n n n

o o o

p p p

q q q

r r r

s s s

t t t

u u u

v v v

w w w

x x x

y y y

z z z

Learn Learn

A B C D E F G
H I J K L M N O
P Q R S T U V W X Y Z

a b c d e f g
h i j k l m n o
p q r s t u v w x y z

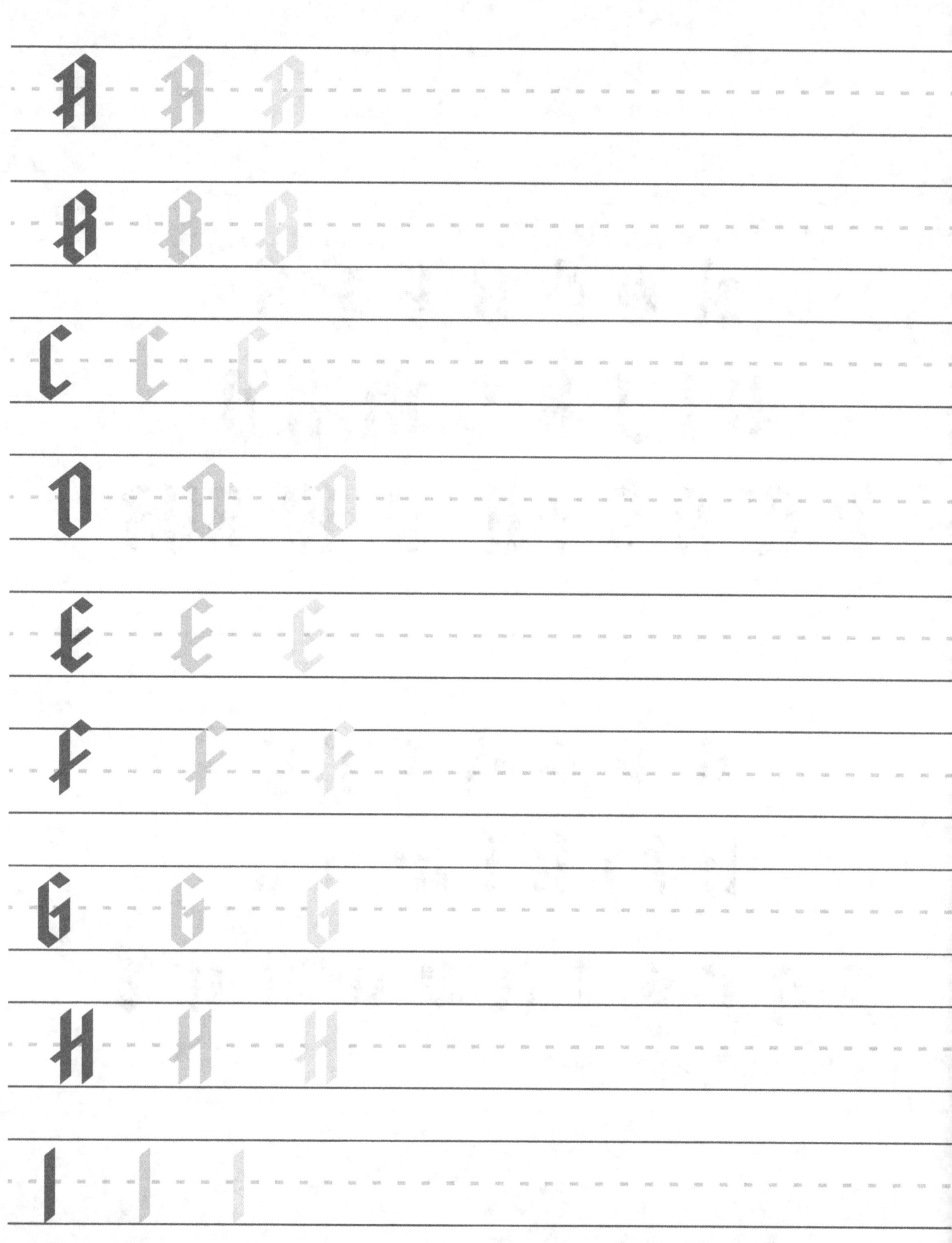

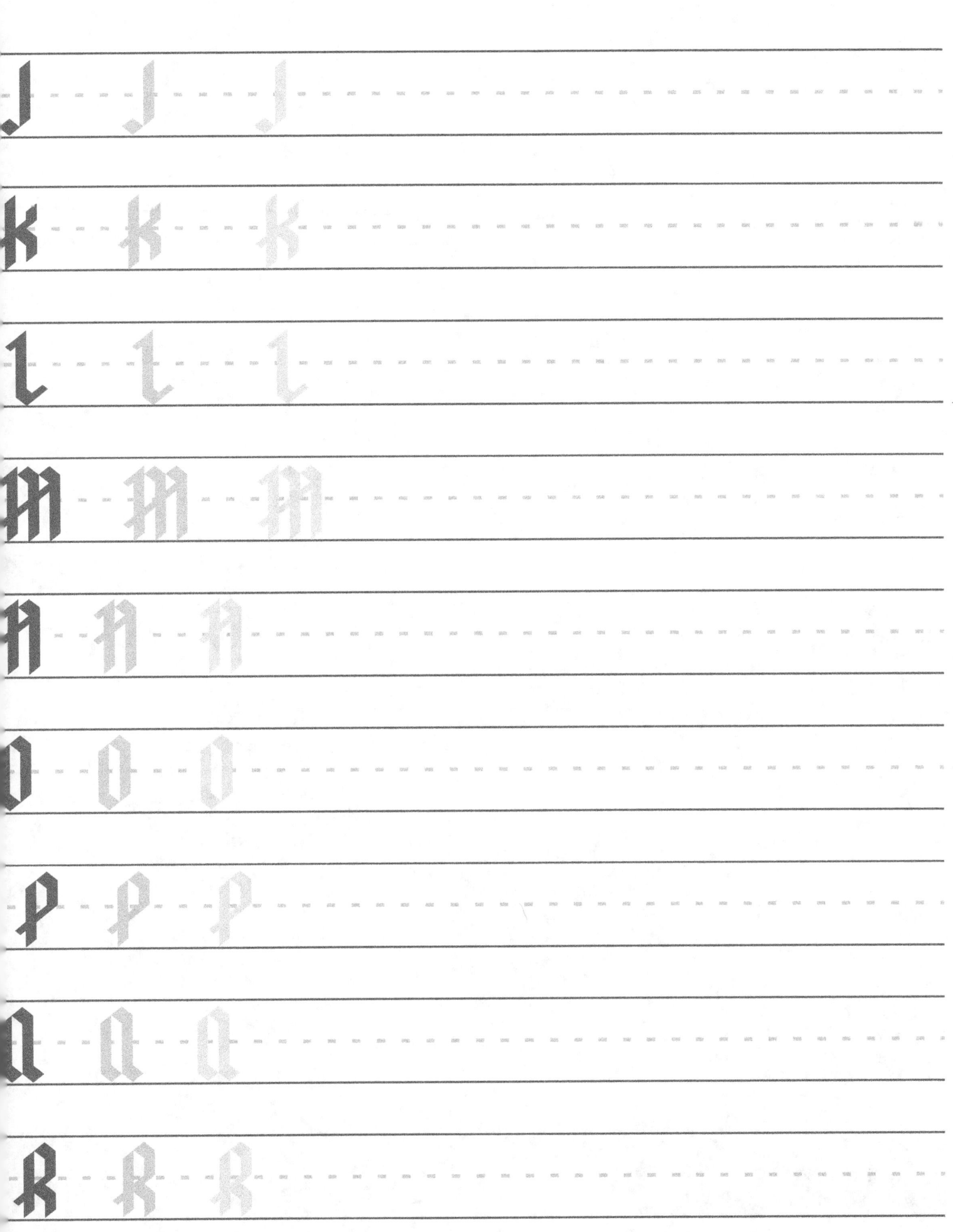

S S S

T T T

U U U

V V V

W W W

X X X

Y Y Y

Z Z Z

Cursive　　　Cursive

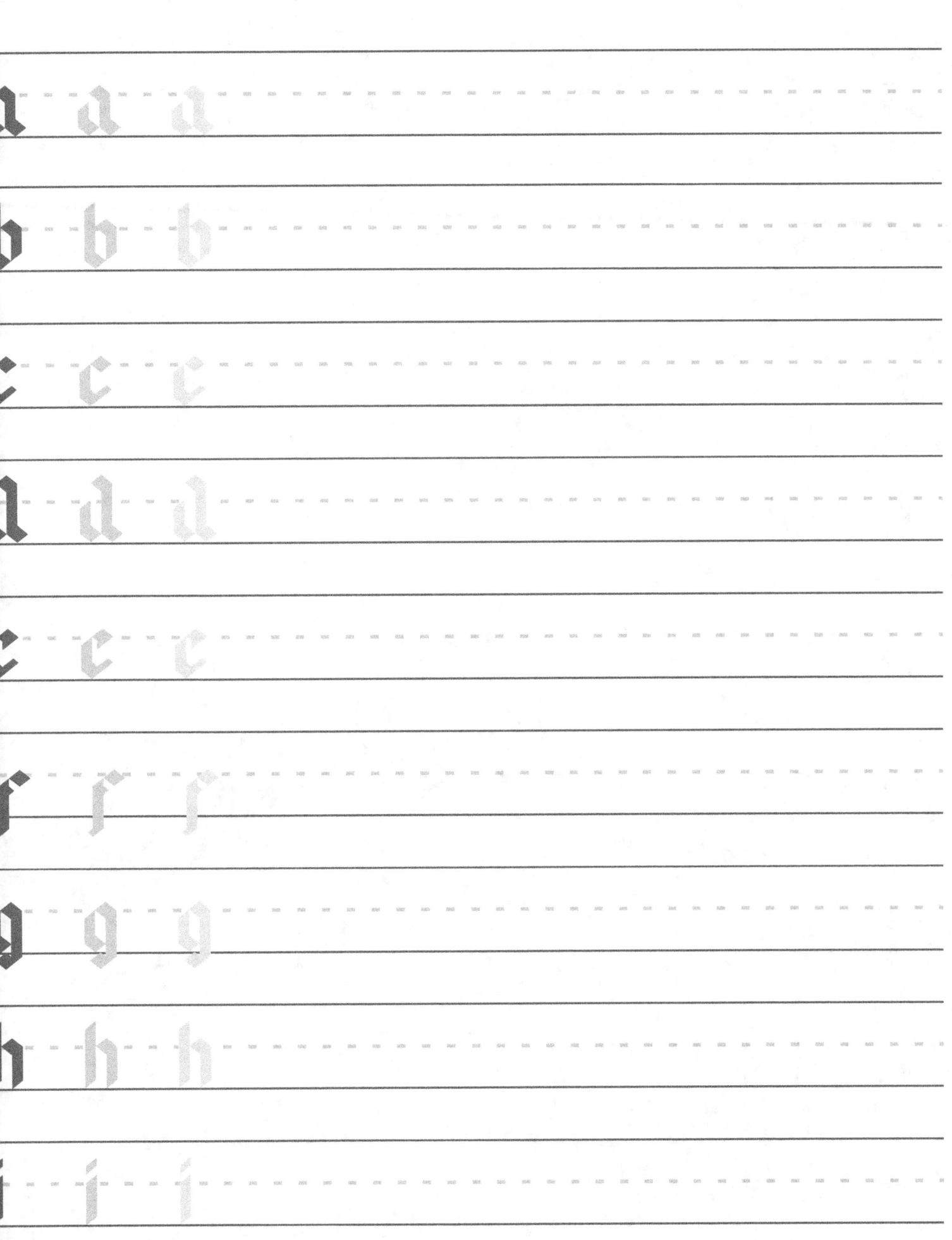

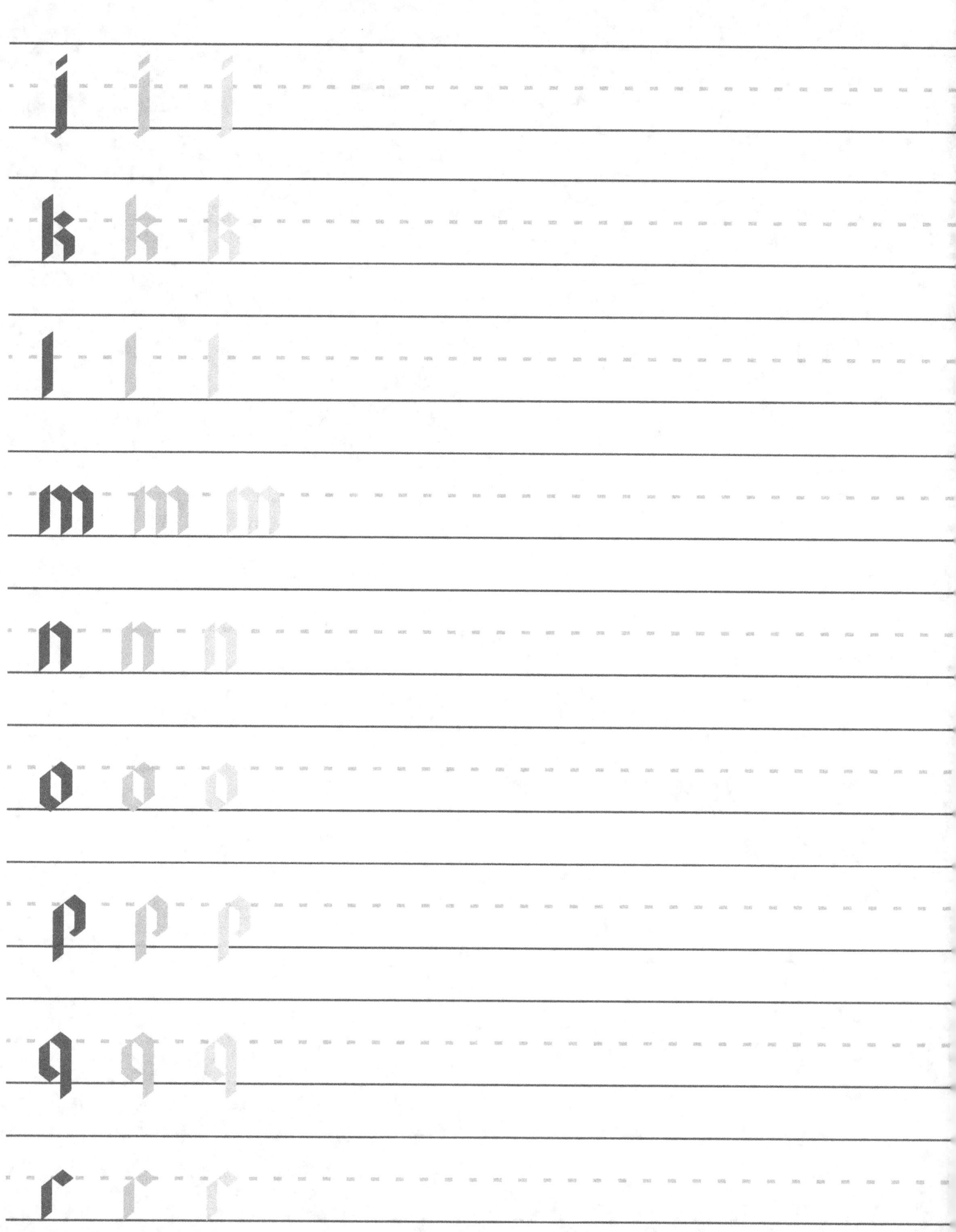

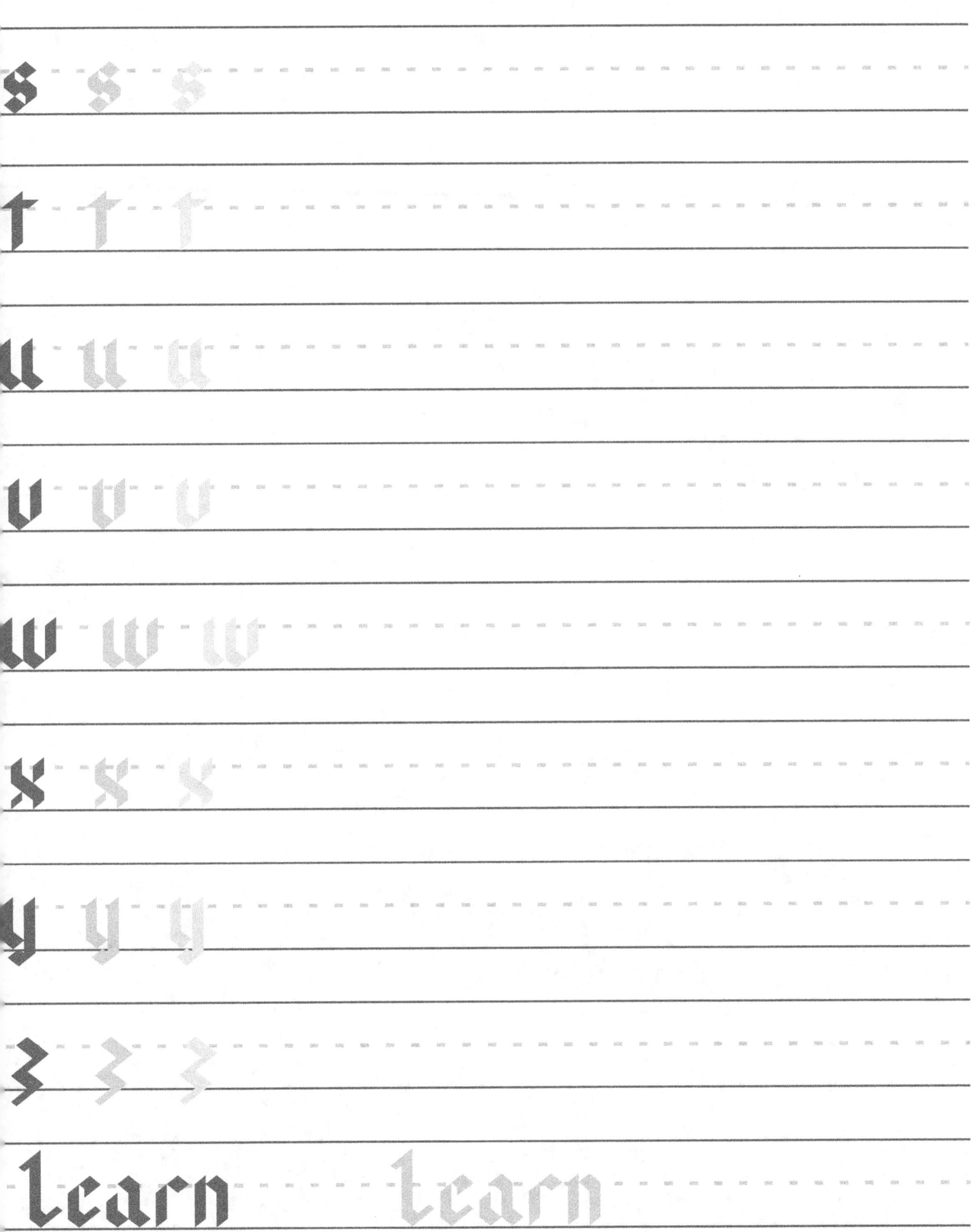

ABCDEFG
HIJKLMNO
PQRSTUVW
XYZ

abcdefg
hijklmno
pqrstuvwx
yz

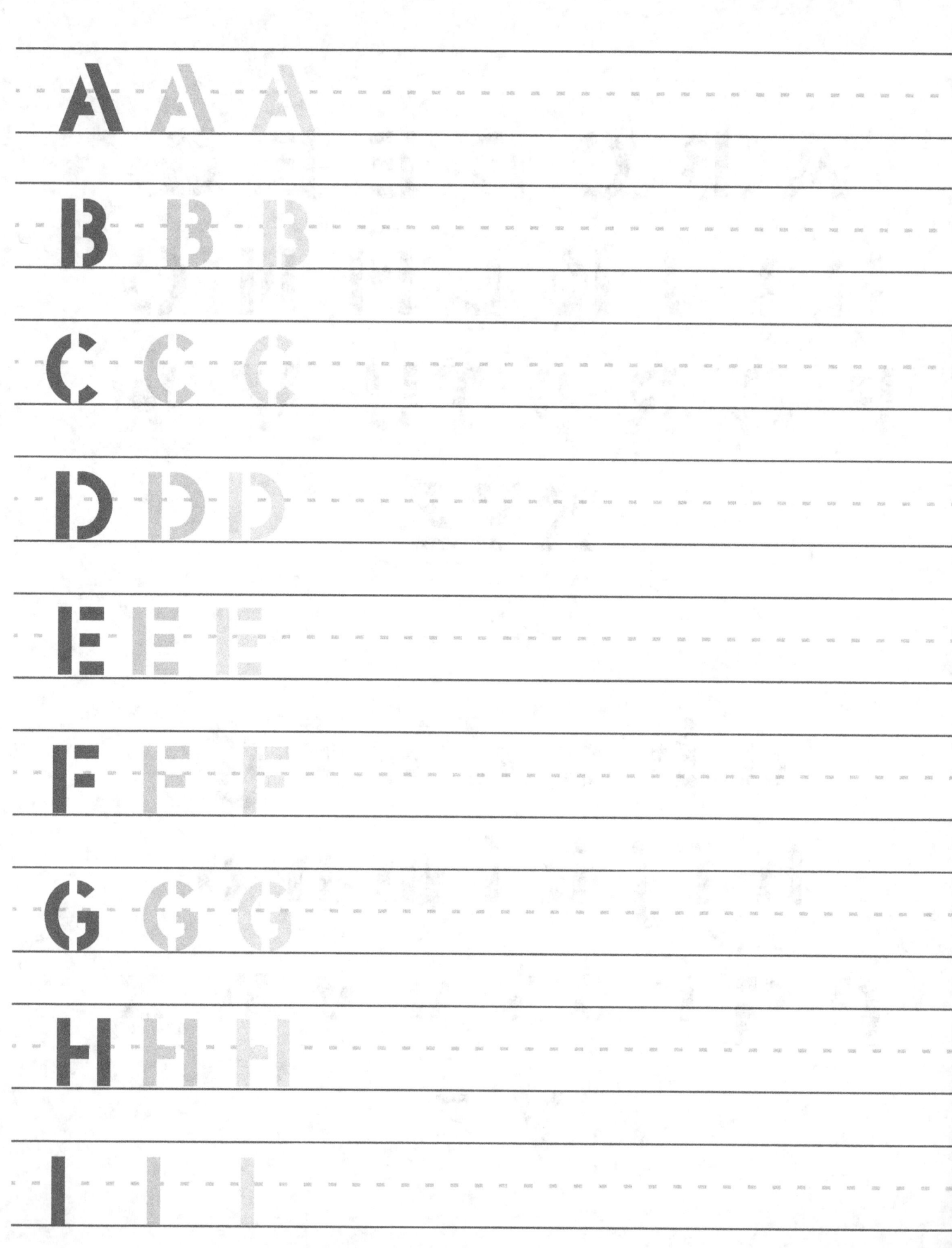

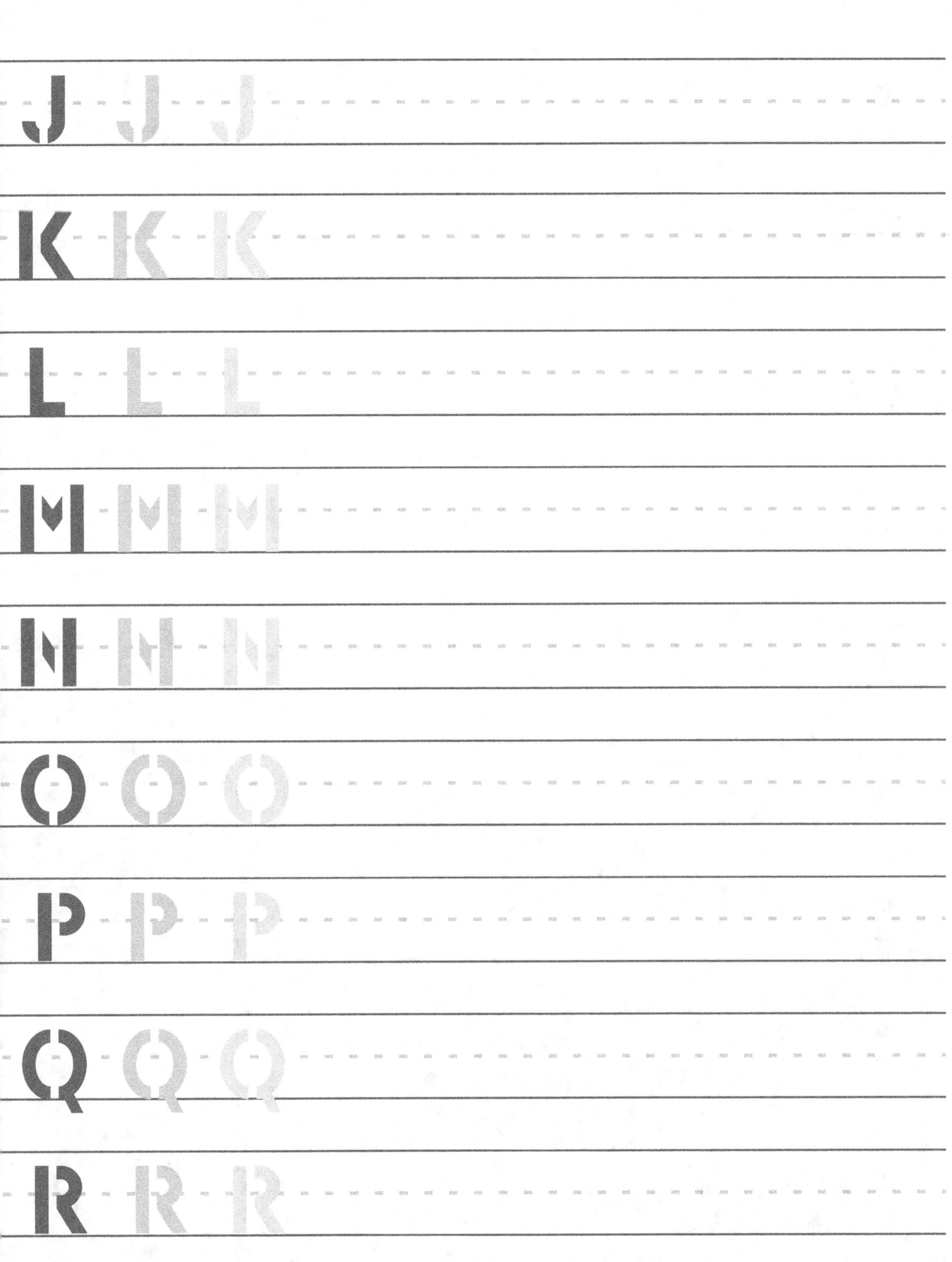

S S S

T T T

U U U

V V V

W W W

X X X

Y Y Y

Z Z Z

Cursive Cursive

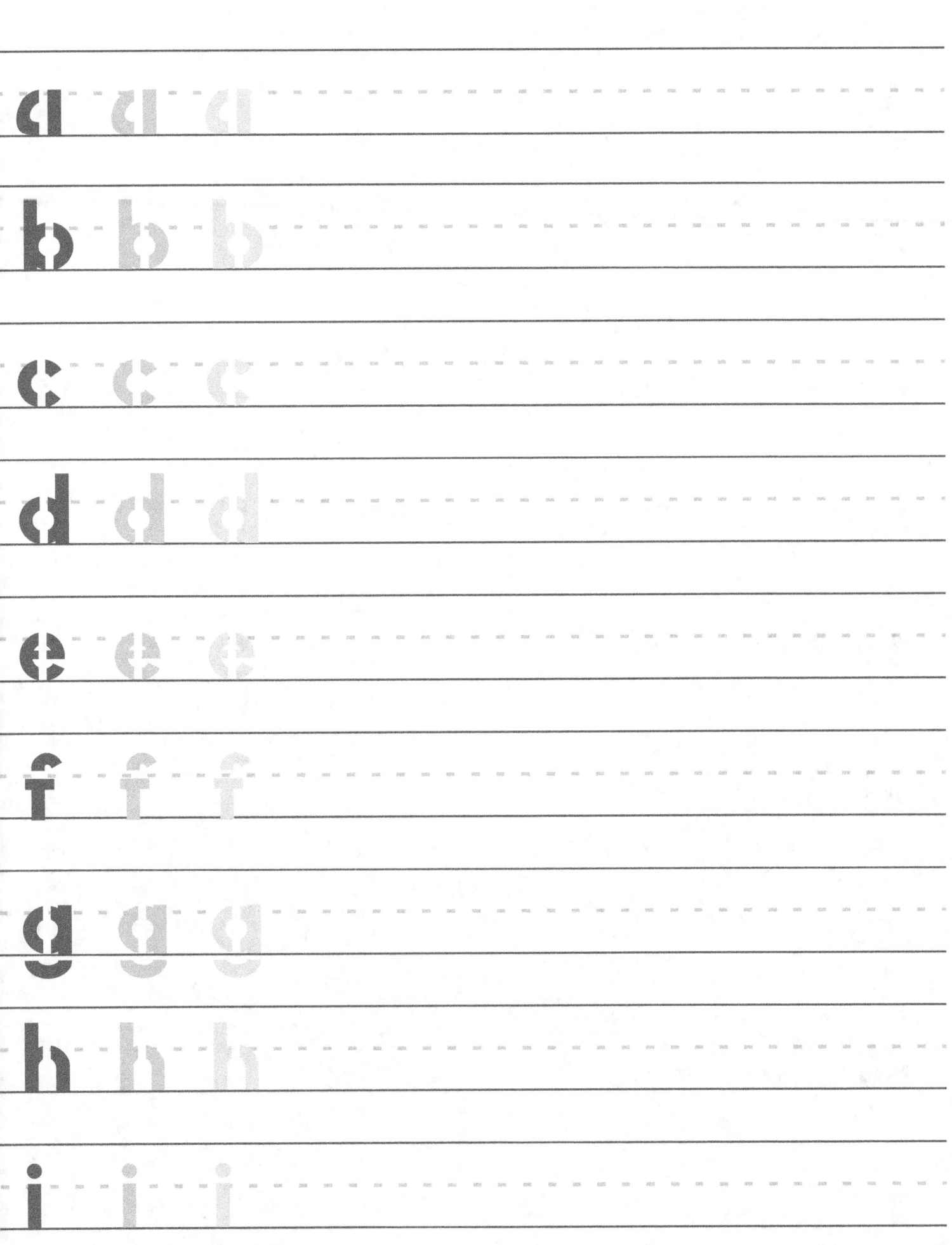

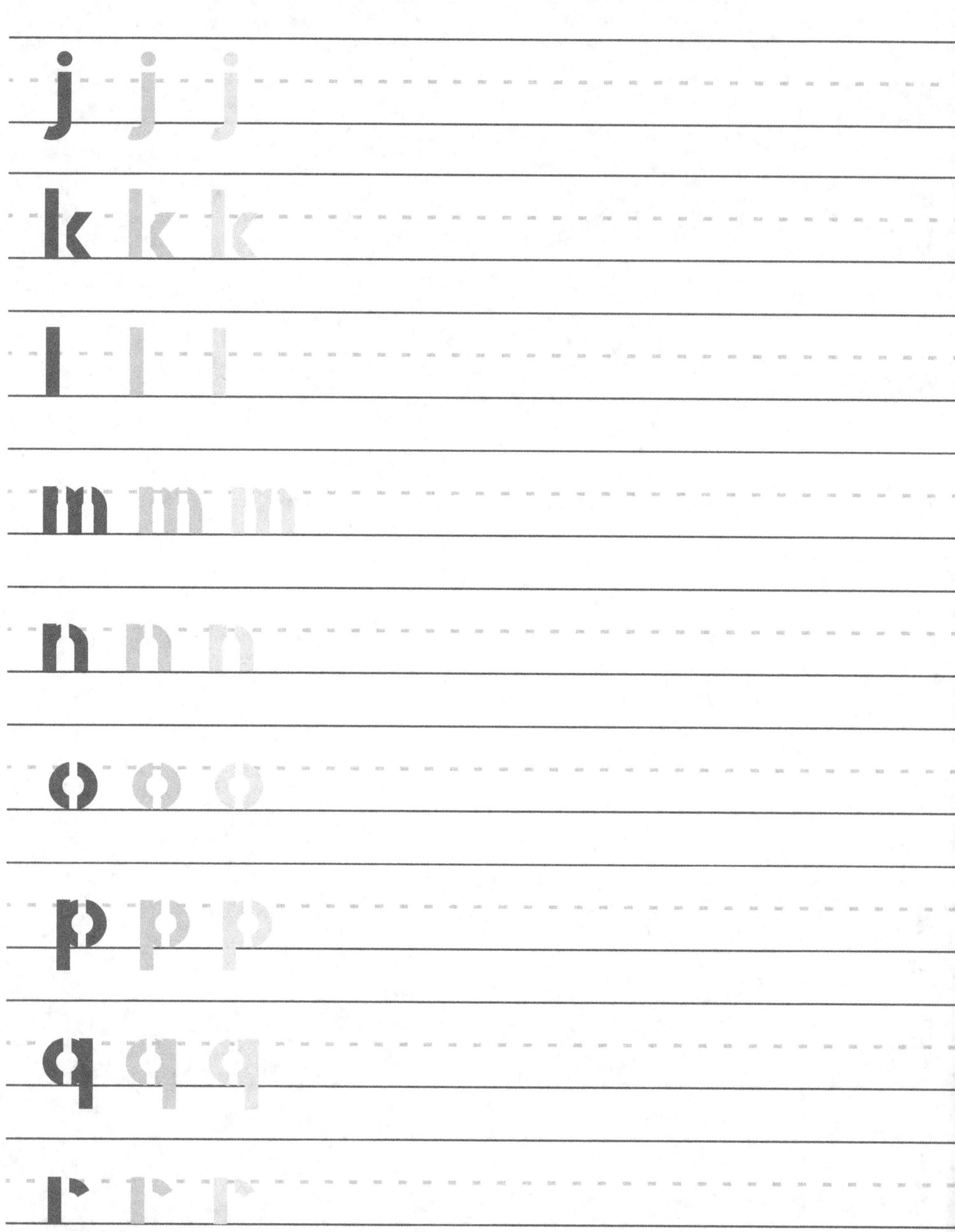

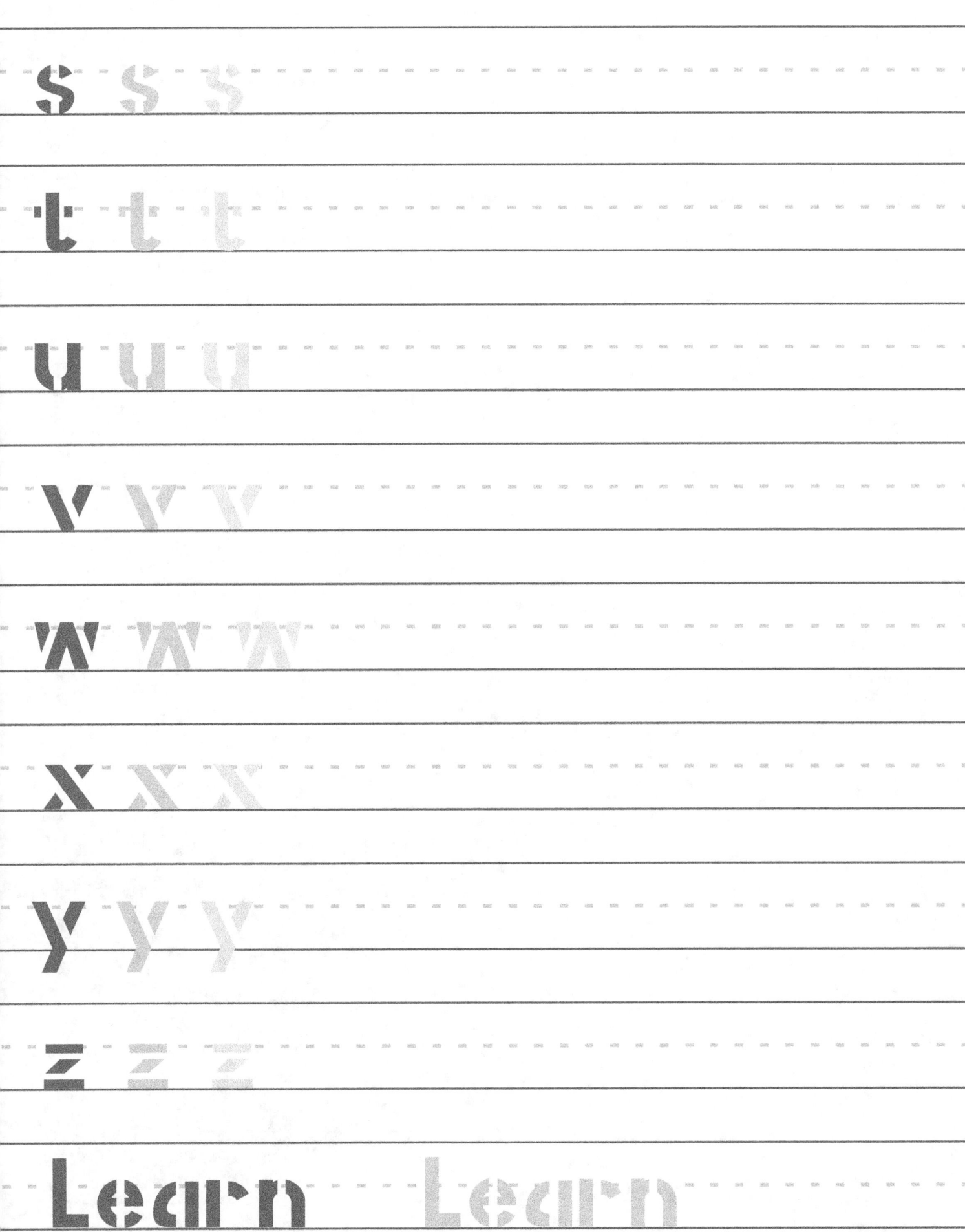

ABCDEFG
HIJKLMNO
PQRSTUVW
XYZ

a b c d e f g
h i j k l m n o
p q r s t u v w x y z

A A A
B B B
C C C
D D D
E E E
F F F
G G G
H H H
J J J

J J J J

K K K K

L L L L

M M M M

N N N N

O O O O

P P P P

Q Q Q Q

R R R R

S S S

T T T

U U U

V V V

W W W

X X X

Y Y Y

Z Z Z

Cursive Cursive

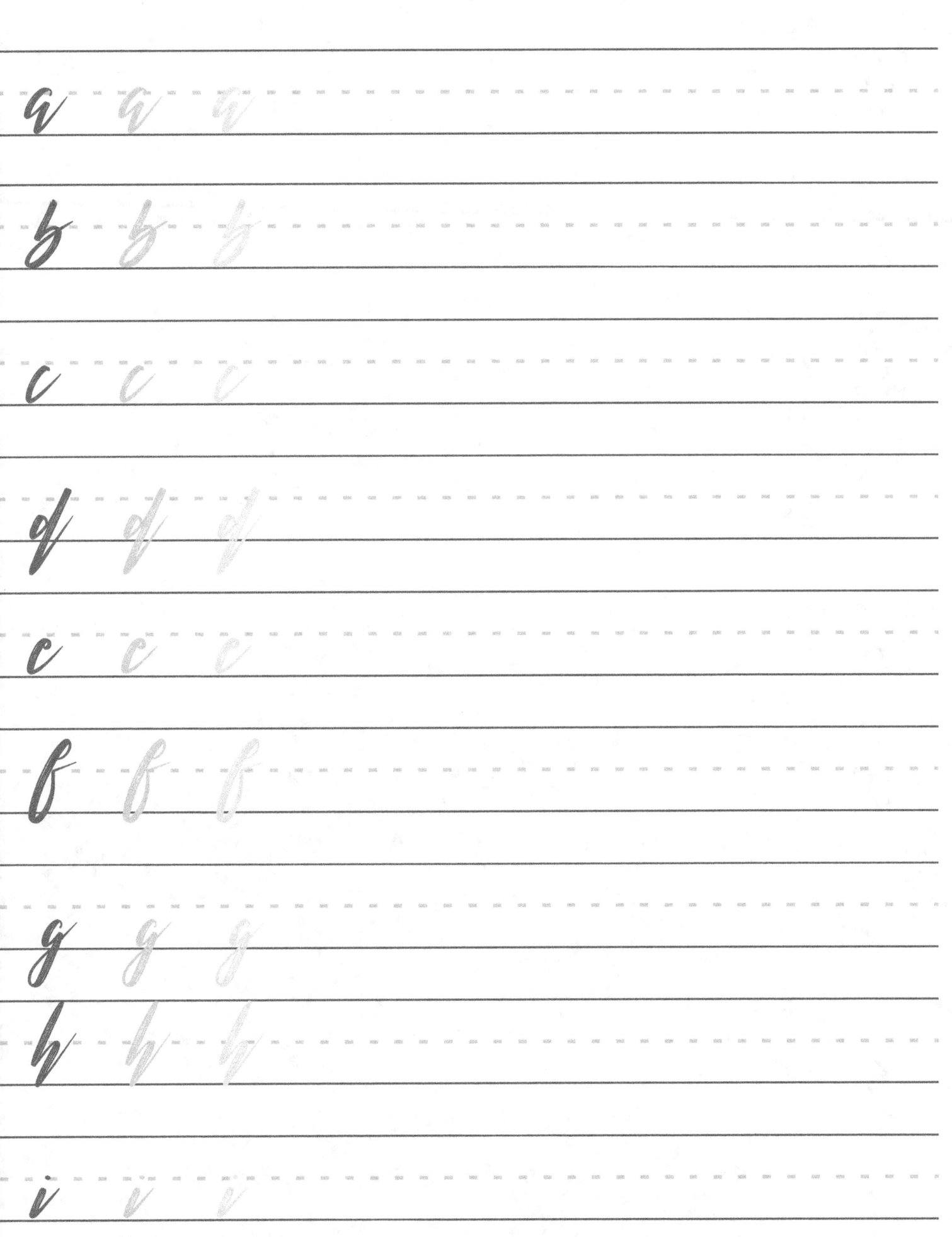

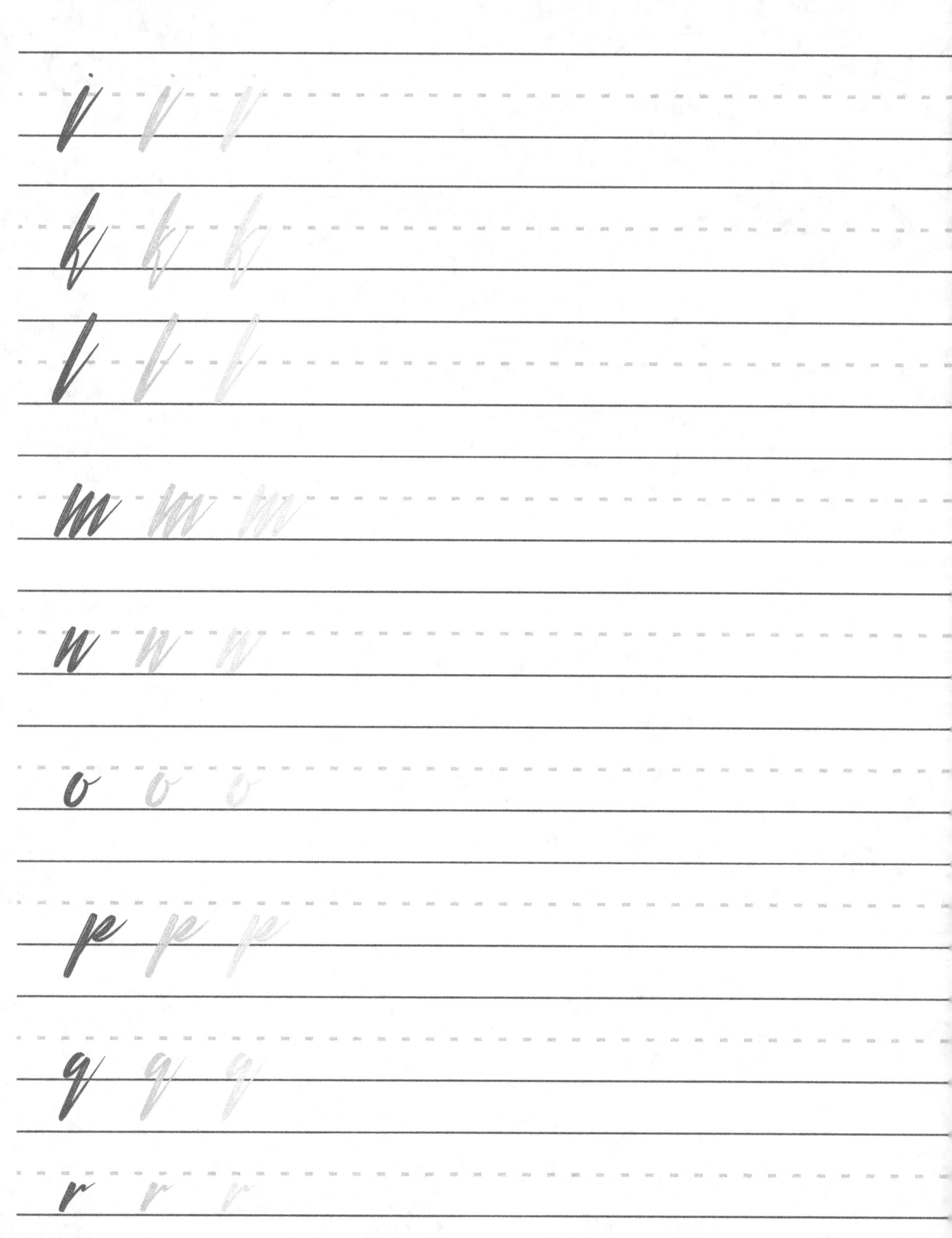

s s s

t t t

u u u

v v v

w w w

x x x

y y y

z z z

Learn Learn

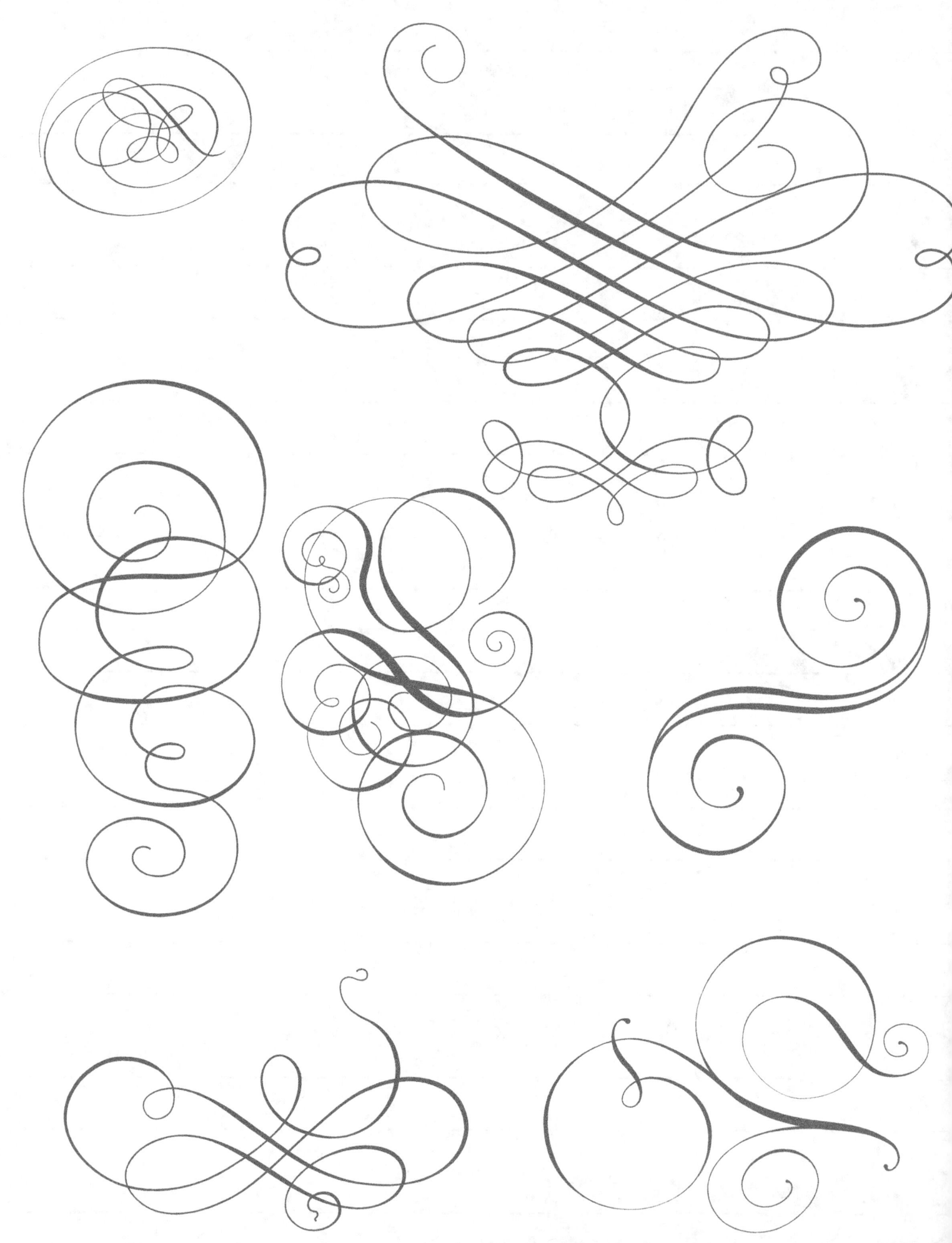

A B C D E F G
H I J K L M N
O
P Q R S T U V
W X Y Z

a b c d e f g
h i j k l m n o
p q r s t u v w x y z

A A A

B B B

C C C

D D D

E E E

F F F

G G G

H H H

I I I

J J J

K K K

L L L

M M M

N N N

O O O

P P P

Q Q Q

R R R

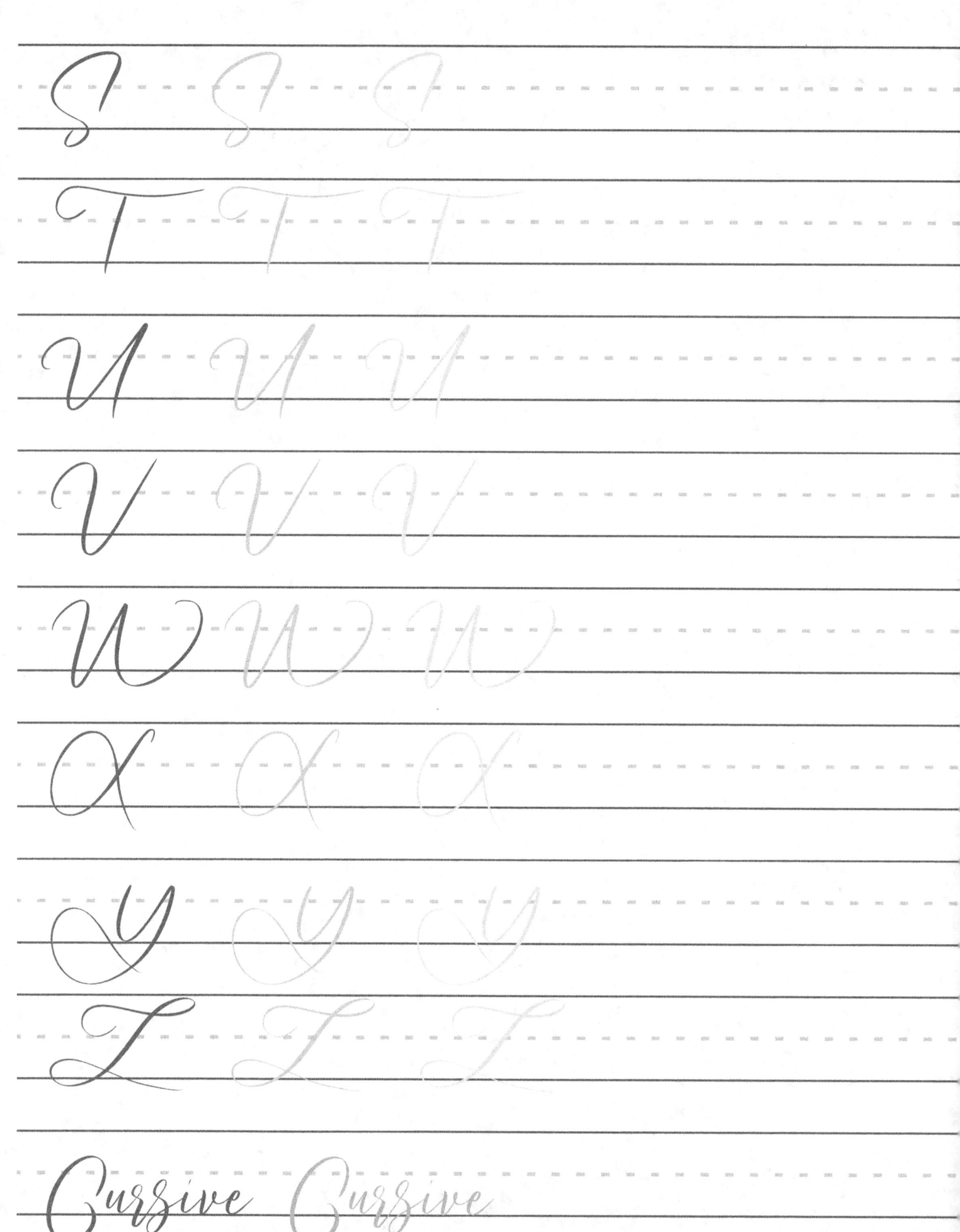

a a a

b b b

c c c

d d d

e e e

f f f

g g g

h h h

i i i

j j j

k k k

l l l

m m m

n n n

o o o

p p p

q q q

r r r

s s s

t t t

u u u

v v v

w w w

x x x

y y y

z z z

learn learn

I sincerely hope you will enjoy this book.
I would greatly appreciate your feedback with an honest review on Amazon.

First and foremost, I'm always looking to grow and improve as an author and illustrator. It is reassuring to hear what works, as well as receive constructive feedback on what should improve.
Second, starting out as an unknown author is exceedingly difficult, and Amazon reviews go a long way toward making the journey out of anonymity possible.
Please take a few minutes to write an honest review.

Thank you,

Aurora Fey

www.ingramcontent.com/pod-product-compliance
Lightning Source LLC
Chambersburg PA
CBHW080553220526
45466CB00010B/3135